마이크로인터랙션

Microinteractions

Microinteractions

by Dan Saffer

ⓒ 2015 Insight Press

마이크로인터랙션
디테일에 강한 인터랙션 디자인

초판 1쇄 발행 2015년 5월 6일 2쇄 발행 2020년 4월 1일 지은이 댄 새퍼 옮긴이 정승녕 펴낸이 한기성 펴낸곳 인사이트 편집 조은별 본문디자인 윤영준 제작·관리 신승준, 박미경 용지 에이페이퍼 출력·인쇄 현문인쇄 후가공 이지앤비 제본 자현제책 등록 번호 제2002-000049호 등록일자 2002년 2월 19일 주소 서울시 마포구 연남로5길 19-5 전화 02-322-5143 팩스 02-3143-5579 블로그 http://blog.insightbook.co.kr 이메일 insight@insightbook.co.kr ISBN 978-89-6626-119-2 책값은 뒤표지에 있습니다. 잘 못 만들어진 책은 바꾸어 드립니다. 이 책의 정오표는 http://blog.insightbook.co.kr에서 확인하실 수 있습니다. 이 도서의 국립중 앙도서관 출판예정도서목록(CIP)은 서지정보유통지원시스템 홈페이지(http://seoji.nl.go.kr)와 국가자료공동목록시스템(http://www. nl.go.kr/kolisnet)에서 이용하실 수 있습니다.(CIP제어번호: CIP2015011486)

UX
insight

마이크로인터랙션

디테일에 강한 인터랙션 디자인

댄 새퍼 지음 | 정승녕 옮김

인사이트

차례

추천의 글

내가 마이크로인터랙션에 대한 댄 새퍼의 관심을 처음으로 알게 된 것은 브라질에서 열린 학회에서였다. 나는 그 개념에 바로 매료되었다. 댄은 관현악단의 연주회 중에 울린 휴대폰의 사례로 이야기를 시작했다. (이 사례는 이 책의 1장에서 자세히 소개된다.) 작은 것에 주의를 기울임으로써 뭔가 아주 커다란 것을 발견한 것이다.

그 후 나는 애플의 사진 정리/편집 어플리케이션인 Aperture를 사용하다가 느낀 당혹스러운 순간을 통해서, 디자인에는 디테일이 중요하다는 사실을 다시 느낄 수 있었다. 새로 출판할 책에 들어갈 그림을 모아 정리하던 중에 컴퓨터가 멈춰버려서 리부팅을 할 수밖에 없었는데, 다시 Aperture를 열려고 하니까 데이터베이스에 문제가 있다는 메시지만 표시하고는 그대로 종료되는 것이다. 아니, 아무런 해결법을 알려 주지 않을 거라면 오류 메시지가 무슨 소용이 있는가? 내가 뭘 어떻게 하면 되는 거지?

프로그램의 도움말 파일을 뒤져 봤지만 별 도움이 되지 않았다. 애플의 고객 지원 웹사이트를 검색해도 도움되는 내용은 없었다. 난 짜증이 나고 걱정도 되기 시작했다. 도대체 어떻게 하면 내 사진들을 되

찾을 수 있는 거지? 프로그램은 도통 열리지 않았다. 다른 컴퓨터에서 백업 파일을 찾아봤지만, 내가 쓰던 파일 동기화 프로그램이 너무 효과적으로 동작하는 바람에 문제가 있는 데이터베이스를 그대로 다른 컴퓨터들에도 모두 덮어써버린 후였다.

결국 한참을 고생한 끝에, 인터넷 검색을 통해서 해결 방법을 찾을 수 있었다. 애플에서 잘 정리해 놓은 일련의 방법을 찾아낸 것이다. 지시된 내용을 한 15분 정도 그대로 따라하고 나서야 모든 사진을 복구할 수 있었다. (내가 그 방법을 애플 웹사이트에서 찾은 게 아니라는 점은 말해둘 만하다. 애플 웹사이트 구석에 올라와 있던 내용을 누군가 온라인 토론 모임에 올려둔 것을 찾은 것이다.)

내가 왜 이 이야기를 하고 있냐고? 그건 애플의 프로그래머가 이 책을 읽었더라면 내가 그 고생을 하지 않아도 됐을 것이라고 생각하기 때문이다. 마이크로인터랙션, 즉 디테일을 제대로 만드는 게 중요하다.

왜 처음 나왔던 오류 메시지에서는 문제 뿐만 아니라 해결 방법까지도 전달해주지 않은 걸까? 무엇보다 애플은 그 문제에 대한 상세한 설명은 물론 해결 방법까지도 갖고 있었다. 오류 메시지가 "데이터베이스에 문제가 있습니다. 문제를 해결하려면 다음 지시사항을 따라 하세요."라는 내용과 함께 다음 단계로 바로 실행할 수 있는 버튼을 제공해줄 수도 있었을 것이다. 왜 그러지 않았을까? 프로그램의 이 부분을 개발한 프로그래머들이 그런 메시지를 표시하는 게 자기 책임이 아니라고 생각했기 때문일까? 그 프로그래머들이 데이터베이스를 관리하는 부서와는 다른 부서에 소속되어 있어서, 문제가 있는 건 알았지만 해결할 방법은 몰랐던 걸까? 아니면 오류 메시지를 작성하던 사람에게 오류에 대한 해결 방법도 함께 제공해야 한다는 생각이 없었던 것일까? (내 생각으로는 이 세 가지 요인이 모두 작용한 것으로 보인다.) 이유가 뭐든 간에, 결과적으로 나온 것은 열악한 사용자 경험이다. 이 경험은 내가 그 제품을 극단적으로 싫어하게 만들었고, 이를 대체할 다른 소프트웨어를 찾게 했다. 이런 반응은 애플이 고객들에게 얻고자 한 것이 아닐 것이다. 애플에서 Aperture를 개발할 때 이 책이 없었다는 사실이 아쉬울 뿐이다.

마이크로인터랙션이 디테일인가? 물론이다. 마법은 모두 디테일 안에 있다.

마이크로인터랙션에는 '마이크로'라는 말이 들어 있어서 뭔가 작은 것에 대한 개념이라는 것을 암시한다. 마이크로인터랙션은 실제로 작은 것에 대한 개념이지만, 작다는 게 중요하지 않다는 뜻은 절대로 아니다! 마이크로인터랙션은 친근한 경험과 끔찍하고 불안한 경험을 구분 짓는 중요한 디테일에 대한 이야기다. 댄 새퍼가 머릿글에서 지적하듯이, 디자이너는 큰 그림을 제대로 정립하고 싶어 한다. 큰 그림을 확고하게 잡아가는 것은 멋진 일이다. 그 어떤 큰 문제도 해결할 수 있을 것 같은 기분도 든다. 하지만 큰 그림을 올바로 잡아냈다고 하더라도, 디테일을 제대로 다루지 않는다면 그 문제에 대한 해결안은 실패하게 된다. 순간순간의 경험을 조정하는 것은 바로 디테일이다. 사람들이 제품을 막힘 없이 사용할 수 있게 해주는 것도 시의적절하게 제공되는 디테일이다. 이와 반대로, 그런 디테일에 충분한 주의를 기울이지 않은 제품은 사용자에게 혼란과 짜증을 유발하며, 결국은 그 제품을 정말로 싫어하게 만든다. 큰 그림은 물론 중요하다. 하지만 작고 세부적인 그림도 그만큼 중요하다. 주의 깊게 디자인된 디테일이야말로 사용자에게 매끄러운 성취감을 느끼게 해준다.

훌륭한 마이크로인터랙션을 만드는 데에는 몇 가지 단계가 있다. 우선은 상황을 적절하게 파악하는 것으로, 많은 개발자가 가장 어려워하는 부분이다. 이 단계는 상당한 관찰력을 필요로 한다. 다른 사람이나 자기 자신이 제품을 사용하는 방식을 관찰하면서 문제점을 찾아내고, 그 논리적인 흐름을 이해함으로써 어떻게 마이크로인터랙션을 구성할 수 있을지를 결정하는 것이다. 흔하게 생각할 수 있는 것은 오류 메시지나 대화창이다. 이런 요소들은 보통 어떤 정보를 보여 주고, 그를 통해서 다음에 해야 할 행동을 암시한다. 다음 단계를 지금 단계에 아예 포함시켜서 제공하는 건 어떨까?

훌륭한 마이크로인터랙션 디자인은 그 제품을 사용하는 사람들에 대한 이해를 필요로 한다. 사람들이 하고자 하는 일이 무엇인가? 어떤 단계를 거쳐야 하는가? 대상 인터랙션의 맥락도 이해해야 한다. 사용자에 대한 공감을 형성하고, 그들의 행동을 제대로 관찰함으로써 제품이 갖는 다양한 측면(아마도 여러 개발 팀 혹은 여러 부서로부터의 산출물일 것이다)을 적절하게 조합하여 하나의 부드러운 마이크로인터랙션으로 만들어 내기 위해서는 다른 무엇보다도 맥락을 알아야 한다. 이런 작업의 진행 방식에 대한 원칙이 이 책의 1장에 잘 소개되어 있다. 이 책 전반에 걸쳐 인용되는 수많은 사례들은 마이크로인터랙션이 제공하는 기회를 일깨워준다. 그리고 나서 끊임없는 관찰을 통해서 새로운 마이크로인터랙션의 기회를 발견하는 것은, 이 책을 읽는 독자의 몫이다. 어떤 해결안이 회사의 여러 부서를 관여시켜야 하는 경우가 생기더라도, 그 이유로 마이크로인터랙션을 포기해서는 안 된다. (애플의 개발자들은 분명 그랬던 것 같다.) 사용자를 위해서 올바른 결정을 내리는 일이 결국은 훌륭한 제품을 만드는 방법인 것이다.

훌륭한 마이크로인터랙션을 위한 두 번째 단계는 그 구현에 있다. 마이크로인터랙션에는 많은 디자인 과제가 있다. 트리거, 동작규칙, 피드백, 순환과 모드. 이 주제에 대해서는 책에서 각각 하나의 장을 할애하여 잘 설명하고 있다.

마이크로인터랙션이 중요한가? 내가 최근에 구입한 자동차를 예로 들어 보자. 이 자동차에 가까이 가서 문 손잡이 근처에 손을 갖다 대면, 손잡이 주변에 불이 들어오고 실내등이 켜진다. 차 문을 열면 운전석 위로 조명이 켜진다. 다른 승객이 차에 타려고 문을 열면 그쪽 좌석 위의 조명이 켜진다. 운전석에 타면 좌석, 거울, 그리고 심지어 라디오 프로그램까지도 내가 좋아하는 설정으로 맞춰진다. 내 아내와 내가 교대로 운전을 하면, 그때그때 운전하는 사람에 맞춰 설정을 바꿔준다. 자동차 디자이너는 어떻게 이 일련의 반응들을 정했을까? 어떤 부분을 조정하고 어떤 부분을 하지 않을지는 어떻게 정했을까? 바로 지능적으로 면밀하게 디자인된 마이크로인터랙션이다. 자잘한 것들이라고? 그렇다. 사람이 직접 조정할 수도 있다고? 물론이다. 하지만 자동차가 사용자를 위해 이런 일을 해주면, 차 안에는 즐거운 분위기가 감돈다. 심지어 그 차를 소유하고 있다는 것에 대한 자부심마저 느끼게 된다. 모든 제품의 제조사에서 그들의 고객이 느끼기를 바라는 것이 바로 이런 기분 아닐까?

우리가 삶의 대부분을 함께 보내는 작은 것들에 환호를 보낸다. 물건을 사용하다가 다음 단계로 넘어가려면 어떻게 해야 하는지, 조잡하게 제시된 맥락 때문에 느꼈던 당혹스러움의 그 모든 순간에게도 환호를 보낸다. 그리고 댄 새퍼의 친근한 글이 방대한 사례를 만나 의미를 더한 이 책에도 환호를 보낸다. 나는 스스로 사람들이 기술을 사용하는 모습을 관찰하는 데에 일가견이 있다고 생각했다. 하지만 이 책을 읽고 나서 내 그런 능력은 한층 향상되었다. 이제 나는 디테일을 좀 더 면밀하게 보고, 이를 좀 더 개선할 수 있는 방법을 고민한다. 나는 또한 제품이 제대로 동작하는 순간을 알아보게 됐다. 보는 법을 배우는 것은, 뭔가를 개선하는 첫 번째 단계다.

이제 여러분의 차례다. 세상에 나아가 문제를 해결하라. 마이크로인

터랙션을 이해하고 실무에 적용함으로써, 우리의 삶을 보다 단순하고
즐겁게 만들어 보자.

도널드 노먼
(실리콘 밸리에 위치한 노먼 그룹의 대표이며,
『디자인과 인간심리』를 저술했다. don@jnd.org)

옮긴이의 글

사용자 경험 디자인 분야는 지난 수년간 큰 변화를 겪어왔다. 특히 모바일 앱이나 웹사이트를 다루는 실무 디자이너라면, 최근 많은 사람들이 이야기하는 린 UX(혹은 린 스타트업) 방식을 프로젝트에 적용해 보거나 애자일 소프트웨어 개발 방법론을 채용한 팀과 협업하면서 약간의 의구심을 가졌을 법도 하다.

소위 말하는 '최소 요건 제품Minimum Viable Product, MVP', 즉 단기간에 핵심 기능에 대한 시장의 반응을 볼 수 있도록 최소한도로 정의된 제품을 개발자나 프로젝트 관리자 등 다른 사람들과 함께 정의하고 디자인하고 개발해서 출시하고, 실제 사용 데이터를 참고해서 이를 올바른 방향으로 개선해 나간다. 이런 방식은 분명 기존에 없던 새로운 제품을 하나 만들어 성공시키는 데에는 가장 확실한 접근 방법이다. 또한 보다 큰 조직의 경우에도 같은 방식을 채용하면 대규모의 개발 과제를 적은 규모로 나누고, 각 단계에서의 검증을 통해서 효율적으로 제품을 개발할 수 있다.

그런데, 이런 프로젝트에 참여하다 보면 디자이너로서의 역할과 그 범위를 다시 생각해보지 않을 수 없다. 이런 업무 환경에서의 디자인이란 다양한 전문분야의 팀원들이 모여 아이디어를 모으는 브레인스토밍에 가깝고, 이를 통해 골라낸 아이디어는 따로 시간을 들여 '디자인'되고 문서화되기보다 그렇게 논의를 통해 합의한 대로 프로토타입으로 만들어지는 경우가 대부분이다. 프로토타입의 디자인 자체를 검증하는 '반복적 디자인 프로세스'를 내부적으로 적용할 수 있는 기회는 거의 주어지지 않고, 기본적인 기능이 완성되는 대로 우선 출시한 후 사용자의 반응과 사용 데이터를 참고하여 개선점에 대한 가설을 세우고 제품을 개선하게 된다.

위와 같은 새로운 업무 방식에서 디자이너는 모종의 디자인 방법론을 통해서 팀에 디자인 산출물을 제공하는 것을 넘어서, 팀 구성원 모두가 참여하는 디자인 토론을 주도적으로 이끌어야 한다. 다양한 배경과 전문성을 지닌 팀원들의 논의가 산발적인 난상토론으로 결론 없이 끝난다거나, 목소리가 크거나 직위가 가장 높은 사람이 원하는 대로 흘러가지 않게 하려면, 디자인에서 고려해야 할 모든 측면을 체계적으로 검토할 수 있는 통찰을 제시해야 하는 것이다.

상대적으로 적은 규모의 조직에서라면, 디자이너는 시장 분석이나 제품 기획에서 시작해서 세부적인 디자인과 구현 그리고 개발 후의 검증까지에도 기여하면서 그야말로 팔방미인이 되어야 한다. 반대로 다양한 전문성을 갖춘 여러 부서와의 협업을 통해 제품을 만들어야 하는 보다 큰 규모의 기업에서는, 디자이너의 직접적인 책임은 실제 디자인을 제공하는 영역에 대부분 집중되게 된다. 그렇지만 그 어떤 경우라 할지라도, 디자이너의 책무는 언제나 결국은 '좋은 디자인'을 제공하는 것이다.

이 책은 우리 디자이너들이 어떤 환경에서 일하든 잊지 말아야 할 그 구심점을 되새기게 해준다. 좋은 사용자 경험 디자인은 주어진 정보와 기술을 최대한 활용하여 사용자가 필요한 기능은 물론, 사용자가 미처 모르고 있던 부분까지 깊이 배려함으로써 만족과 감동을 준다. 디자이너의 역할과 책임의 범위를 어떻게 정의하든 간에, 디자인의 세부적인 영역 즉 '마이크로인터랙션'은 온전히 디자이너의 책임으로 남는 부분이며, 최종적으로 제품이 출시되었을 때 그 디자인이 좋은 디자인인지 아닌지를 말하게 되는 근거가 되는 것이다.

마이크로인터랙션은 언뜻 생각하면 분석적인 접근이나 체계적인 디자인 방법론의 대상이라기보다 디자이너의 재치에서 나오는 번뜩이는 아이디어로 여겨지기 쉽다. 하지만 이 책의 저자는 마이크로인터랙션의 구조를 정리하고, 그 구성요소 하나하나를 다루는 데 있어서의 고려사항과 접근 방법을 다양한 제품의 사례와 함께 설명하면서 마이크로인터랙션 디자인 또한 체계적이고 분석적인 접근이 가능하다는 것을 보여 준다.

이제까지 세부적인 부분에 깊은 고려가 배어 있는 '좋은 디자인'의 제품을 발견할 때마다 "와 이거 정말 기발하네!"라고 감탄했다면, 이 책에서 제시하는 마이크로인터랙션의 구조를 숙지함으로써 그런 디자인을 보다 분석적으로 이해할 수 있을 것이다. 직접 디자인 업무를 진행함에 있어서도, 디자인하고 있는 제품을 마이크로인터랙션의 구성요소에 비추어 조목조목 뜯어보고 그에 대한 고려사항을 하나씩 반영해 본다면 단지 기본 기능을 실험하기 위해 최소한도로 개발된 제품이 아니라 주어진 제약하에서 세심하게 완성된 디자인을 가진 제품을 출시하고 그 성공률을 높이는 데에 기여할 수 있으리라 생각한다.

사용자 경험 디자인은 그 역할과 범위에 대한 대내외적인 논의가 끊이지 않는 분야지만, 그럼에도 변하지 않은 진리는 서양 속담에서 말하듯 "악마는 사소해 보이는 데에 숨어 있다Devil lies in detail"거나 광고에 등장했던 "작은 차이가 명품을 만든다"는 것이다. 이 책이 그런 사소해 보이는 부분을 찾아내고 체계적으로 개선하여 꾸준히 '좋은 디자인'을 만들어 내는 디자이너가 되는 데 기여할 수 있다면 옮긴이로서 더 바랄 나위가 없겠다. 그렇게 좋은 디자인을 약속할 수 있는 디자이너가, 결국 '좋은 디자이너'이기 때문이다.

2015년 4월 에딘버러에서 정승녕

머릿글

이 책이 담고 있는 내용

우리가 가전제품의 전원을 켜는 순간에서부터 온라인 서비스에 로그인하거나 모바일 앱으로 날씨 정보를 받는 순간에 이르기까지, 마이크로인터랙션은 주변 어디에서나 찾아볼 수 있다. 마이크로인터랙션은 딱 한 가지 일을 수행하는 하나의 사용목적을 가지며, 독자적인 앱이 될 수도 있고 복잡한 기능의 일부가 될 수도 있다. 잘 만들어진 마이크로인터랙션은 효율성, 재치, 스타일 그리고 사용자의 니즈와 목표에 대한 이해를 바탕으로 기능을 수행한다. 사람들이 사랑하는 제품과 그저 참아가며 사용할 뿐인 제품의 차이도, 그 제품에 담긴 마이크로인터랙션에 달려 있는 경우가 많다.

이 책은 독자의 디자인 작업에 도움을 주기 위해서 마이크로인터랙션을 분석한다. 먼저 마이크로인터랙션의 모델을 정의하고 그 모델을 각 부분별로 상세하게 분석하고 나서, 이를 바탕으로 마이크로인터랙션을 제대로 활용할 수 있는 지침과 원칙을 제공한다. 이런 관점을 디자인 업무에 적용하게 되면, 제품은 점차 나아지고 사용자들은 그 제품을 더욱 좋아하게 되어 (브랜드에 대한) 고객의 충성도가 높아질 것이다.

대상 독자

이 책은 보다 나은 제품, 특히 디지털 제품을 만드는 데 관심이 있는 모든 사람을 위한 내용을 담고 있다. 모든 분야의 디자이너들은 물론 개발자, 연구자, 제품 관리자, 비평가, 기업가도 이 책에서 한번쯤 생각하고 적용해 보거나 시도할 만한 내용을 찾아내기 바란다.

이 책은 특히 세밀한 부분에 신경을 쓰는 것이 정말 중요하며, 그런 세부사항이 제품을 훨씬 더 좋게 만든다는 사실을 함께 일하는 클라이언트, 개발자, 제품 관리자, 프로젝트 관리자에게 설득시키기 힘든 사람을 위해 쓰여졌다. 이제 그런 세밀한 부분들에 '마이크로인터랙션'이라는 이름을 부여함으로써, 그 중요성을 보다 효과적으로 주장할 수 있게 되었다.

책의 구성

이 책은 작지만 중요한 주제인 마이크로인터랙션에 대해서 간략하게 소개하고 있다.

- **1장. 마이크로인터랙션 디자인**
  이 장에서는 마이크로인터랙션을 소개하고 아주 하찮아 보이는 것들이 왜 그렇게 중요한지를 설명한다. 모든 마이크로인터랙션이 따르는 일반적인 유형을 개괄적으로 파악하면서 그 구조를 논의한다. 끝으로, 이 장은 어떻게 하면 마이크로인터랙션을 프로젝트에 포함시킬 수 있는지를 고찰한다.

- **2장. 트리거**
  마이크로인터랙션이 시작되는 순간인 '트리거trigger[1]'를 소개한다. 사용자에 의해 시작되는 수동 트리거와 시스템 트리거를 둘 다 검토

1 (옮긴이) 저자는 일련의 마이크로인터랙션이 일어나게 되는 계기가 되는 입력을 은유적으로 '방아쇠', 즉 트리거라고 명명하고 있다. 인터랙션 디자인이나 프로그래밍 분야에서 종종 사용되는 용어이므로 우리말로 번역하지 않고 사용했다.

하고, '정보를 앞당겨 표시할 것' 원칙을 설명한다.

- 3장. 동작규칙

이 장에서는 마이크로인터랙션을 정의하는 특성과 숨겨진 변수들, 즉 '동작규칙'에 대한 논의를 제공한다. 동작규칙은 어떻게 만들어지며 어떤 내용이 포함되어야 하는가? '백지에서 시작하지 말 것' 원칙도 함께 소개한다.

- 4장. 피드백

사용자가 동작규칙을 이해하게 되는 방법인 '피드백feedback'에 대해서 이야기한다. 피드백을 사용해야 하는 순간과 시각, 청각, 촉각의 세 가지 피드백 유형을 설명하고, '인간을 고려할 것'과 '간과하기 쉬운 요소를 활용할 것' 원칙을 소개한다.

- 5장. 순환과 모드

이 장에서 논의되는 '순환loops과 모드modes'는 마이크로인터랙션의 구조에서 상위에 있는 개념이다. 순환과 모드의 다양한 유형과 함께, 오랜 기간에 걸친 순환을 활용하는 방법도 설명한다.

- 6장. 마이크로인터랙션 프로젝트의 사례

이제까지 설명한 마이크로인터랙션의 요소들을 모두 합쳐 마이크로인터랙션의 세 가지 사례를 디자인해 본다. 각각의 사례는 모바일 앱, 온라인 서비스, 가전제품을 다룬다. 마이크로인터랙션들을 한데 모아서 기능으로 구성하는 일도 이 장에서 논의한다.

- 부록 A. 마이크로인터랙션의 검증

끝으로, 마이크로인터랙션을 검증하는 절차에 대해서 간략하게 설명한다.

왜 마이크로인터랙션에 대한 책을 쓰게 됐나?

지난 십 년 동안 디자이너들은 '불명확한 문제'를 해결하고 기업이나 정부 시스템의 거대하고 조직적인 문제를 다루기 위해서, '디자인 사고방식Design Thinking'을 적용하고 큰 관점으로 생각하라는 소리를 들어 왔다. 세상의 어떤 큰 문제도 디자인의 방법론을 적용할 수 있고, 디자인의 역할은 조직의 구조조정부터 도시 관리에 이르기까지 모든 것과 관련될 수 있다.

이렇듯 디자인의 접근 방식을 재조명하는 것에 대한 효과는 명확하지 않지만, 그렇게 큰 규모로 작업하다보면 디자인에 있어서 중요한 부분(사용자를 기쁘게 하는 세부사항)을 잊게 되기도 한다. 우리가 사랑하는 제품은 아름다운 곡선, 딸깍하는 기분 좋은 소리, 이해하기 쉬운 구조 등 세밀한 부분까지 주의 깊게 디자인되어 있다.

마이크로인터랙션은 새로운 작업 방식이다. 대규모의 디자인 프로젝트처럼 큰 얼개부터 시작하는 게 아니라, 작은 부분부터 사랑하듯이 조심스럽게 빚어 나가면서 전체를 이뤄가는 것이다. 이 방식은 디자이너들이 제법 잘 하는 방식으로, 즉각적이고 손에 잡히는 결과를 낼 수 있다. 하찮아 보이는 순간을 사용상의 즐거움으로 만듦으로써 세상을 바꾸는 또 다른 방법이 될 수도 있다.

아름답고 제대로 동작하는 작은 것들은 즐거움을 준다. 그런 즐거움은 사용자의 것이기도 하지만 만든 사람의 즐거움이기도 하다. 그것을 이루기 위해서 많은 기술과 시간과 고민을 들여야 하더라도 마찬가지다. 이런 접근은 힘든 작업이며, '큰 문제'를 다루는 것만큼이나 훌륭한 일이다. 삶에 더 많은 즐거움을 원하지 않는 사람이 어디 있겠는가?

감사의 글

이 책에 담겨 있는 대부분의 그림은 'Little Big Details'라는 훌륭한 블로그에서 인용된 것이다. 'Little Big Details'의 편집자이자 수집가인 플로리스 데커와 앤드류 맥카시에게 깊은 감사 인사를 보낸다. 그렇게 잘 정리되어 있는 사례들이 없었더라면 이 책을 쓸 생각도 하지 못했을 것이다. 블로그의 운영자들은 물론, 그 웹사이트에 온갖 사례를 보내 준 수많은 분들에게도 큰 신세를 졌다. 각각의 화면을 찾아내 올린 사람을 알 수 있는 경우에는 이름을 함께 표시했다.

'Design A Day' 블로그의 운영자인 잭 포펫에게도 감사드리고 싶다. 그 블로그의 'In the Details' 분류에서 많은 예시를 인용했을 뿐만 아니라, 그런 예시들을 분석하는 방식 역시 오랫동안 나에게 영감을 줬으며, 이 책을 쓰는 간접적인 계기가 됐다.

로버트 라이만, 크리스토퍼 파에이, 대니 말릭, 닉 레미스, 데이브 호퍼, 빌 스콧, 스콧 엔슨 등 감수를 맡아 준 분들의 격려와 지혜, 빈틈없는 검토도 이 책을 좀 더 좋게 만드는 데에 큰 도움이 됐다.

내가 지난번에 출판한 책은 그다지 눈부신 성과를 거두지 못했다. 그럼에도 불구하고 O'Reilly 출판사의 편집자인 매리 트레슬러와 다른 모든 분들이 한 번 더 책을 출판하기로 결정하고, 이 괴상한 주제에 대한 얇은 책에 일관적으로 성원을 보내주신 것에 대해서 감사드린다.

언제나 그렇듯이, 내가 함께 지내는 여성들(인간과 강아지)의 참을성도 간과할 수 없다. 나는 TV가 있는 방의 한가운데 안락의자에 앉아서 글을 쓰기 때문에, 이 책은 우리 집의 인내심을 평가하는 기준이 되었다. 이 책을 그들에게 헌정한다.

끝으로, 그동안 함께 일하고 가르침을 준 여러 선생님들과 디자이너들에게 감사의 표시를 하고자 한다. 그들은 나에게 제품의 세밀한 부분에 집중하는 것이 왜 중요한지를 (가끔은 반강제적으로) 알려 주었다. 그분들이 고안하거나 나에게 만들어 보라고 했던 작지만 독창적인 부분들이 우리가 만들던 제품을 실현하는 데에 큰 도움이 되었으며, 그런 개념이 바로 내가 이 책을 통해 전달하고자 하는 내용이라고 할 수 있다.

2013년 2월 샌프란시스코에서 댄 새퍼

1 마이크로인터랙션 디자인

"덩치가 크면 제대로 움직이지 않는 법이다."

빅터 파파넥

결국 지휘자는 연주를 멈췄고, 사람들은 화를 내며 소리를 지르기 시작했다. 뉴욕 필하모닉 오케스트라는 말러 교향곡 9번의 느리고 잔잔한 아다지오 대목 막바지를 한창 연주하던 중이었다. 이 특별한 기회를 위해 수백 달러를 지불했을 대부분의 청중들은 온 신경을 집중하고 앉아서 한 시간이 넘는 연주를 마무리하는 정적이고 섬세한 대단원에 귀를 기울이고 있었다.

그때 일어난 일이다. 앞 줄 어딘가에서 누구나 알 수 있는 아이폰의 '마림바' 알림음(실로폰 높은 음을 두드리는 소리)이 반복적으로 들리기 시작한 것이다. 알람 소리였다. 그 소리는 몇 번이고 반복되었다. 지휘자 알란 길버트가 오케스트라의 연주를 중지시켰지만, 알람은 계속 반복됐다. 결국 청중들이 그 휴대폰의 주인에게 소리를 지르기 시작했는데, 그 사람은 후에 그 관현악단의 오랜 고객이자 어느 회사의 나이든 중역으로 밝혀졌고 악단으로부터 고객 'X'라는 칭호를 얻게 되었다.

2012년 뉴욕 타임스의 보도[1]에 따르면, 고객 X의 회사에서는 그 일이 있기 하루 전에 원래 그가 쓰던 블랙베리 휴대폰을 아이폰으로 교체해 줬다. 고객 X는 공연이 시작되기 전에 음소거 스위치를 켜서 매너 모드를 실행시켰지만, 아이폰의 동작규칙에 따르면 매너 모드에서도 알람 소리가 울린다는 것을 몰랐던 것이다. 그렇기 때문에 그는 알람이 울리고 한참이 지날 때까지 그게 자신의 휴대폰에서 나오는 소리라는 것을 알아채지 못했다. 결국 자기 휴대폰이 울리고 있다는 것을 알고 알람을 껐을 때에는, 이미 연주를 망쳐버린 후였다.

다음날 이 소식이 퍼지면서, 인터넷은 신랄한 비판과 농담으로 넘쳐났다. 지휘자 대니얼 도르프는 트위터에 "만일을 대비해서, 휴대폰 벨소리를 말러 교향곡 9번으로 바꿨습니다."라는 글을 올리기도 했다. 여러 블로그에서 주장과 토론이 벌어졌고, 어떤 사람들은 매너 모드를 실행시켰을 때에는 모든 종류의 소리가 꺼져야 한다고 했다. 기술 분야 칼럼니스트인 앤디 이냇코는 2012년 1월에 올린 「아이폰 음소거 스위치의 기능에 대하여」라는 글[2]에서, "기계가 나름의 판단으로 잘못된 결정을 내려서 화가 나는 것보다, 사람이 뭔가 바보 같은 짓을 해서 스스로에 대해 화를 내는 편이 훨씬 낫다."고 언급했다.

또 다른 사람들은 매너 모드를 실행시켰을 때에도 알람은 켜져야 한다고 생각한다(나도 이 편이 옳다고 생각한다). 애플 전문가인 존 그루버가 지적했듯이, "만일 음소거 스위치가 모든 소리를 나지 않게 한다면, 휴대폰이 매너 모드로 되어 있다는 사실을 잊고 잠들었다가 아침에 늦잠을 자는 사람이 매일 수천 명은 될 것이다."

애플의 iOS 휴먼 인터페이스 가이드라인iOS Human Interface Guidelines에서는 이러한 매너 모드 동작 방식에 대하여 다음과 같은 근거를 대고 있다.

1 「Ringing Finally Ended, but There's No Button to Stop Shame」(2012. 01. 12, Daniel J. Wakin, The New York Times)

2 (옮긴이) 원 글의 제목은 「Daring Fireball: On the Behavior of the iPhone Mute Switch」이며, 다음 웹사이트에 찾아볼 수 있다. http://goo.gl/MEuKA

예를 들어 극장에 간 사용자는 함께 있는 다른 사람들을 방해하지 않기 위해서 휴대기기를 음소거 모드로 설정할 수 있습니다. 이 상황에서도 사용자는 여전히 기기에 설치된 앱을 사용하고자 하지만, 전화벨이나 메시지 알림음 같이 기대하지 않았거나 직접 요청하지 않은 소리 때문에 놀라기를 바라지는 않습니다.

음소거 스위치를 켜 놓아도, 사용자가 분명한 의도를 가지고 직접 설정한 소리는 그대로 재생됩니다.

다시 말해서 아이폰의 동작규칙은 휴대폰을 매너 모드로 했을 때에는 사용자가 직접 설정한 소리는 그대로 두고, 그렇지 않은 소리(예: 문자 메시지 알림음, 전화 수신 벨소리)만 들리지 않게 하는 것이다. 다른 많은 규칙과 마찬가지로 이런 동작규칙도 감춰져 있으며, 스위치에 붙어 있는 조그마한 주황색 표시를 제외하면 매너 모드인지 아닌지를 말해 주는 화면 표시 같은 것도 없다. 만일 애플이 이것을 다른 동작규칙('음소거 스위치를 켜면 모든 소리가 꺼진다.')으로 바꾼다면 또 다른 규칙과 피드백 방식이 설계되어야 한다. 알람이 울릴 때에는 휴대폰이 진동해야 할까? 휴대폰이 매너 모드일 때 휴대폰을 켜면 화면이나 하드웨어의 LED 표시등에 어떤 표시가 계속 나타나야 할까? 휴대폰 매너 모드를 디자인하는 방법에도 여러 가지가 있다.

휴대폰 매너 모드는 마이크로인터랙션의 한 가지 사례다. 마이크로인터랙션은 제품에서 한 가지 사용 사례에 해당하는 짧은 순간, 혹은 한 가지만 수행하는 작은 기능이다(일례로 그림 1-1과 같은 경우를 들 수 있다). 마이크로인터랙션은 하나의 앱이나 기기 전체가 될 수도 있지만, 대부분의 경우엔 보다 큰 제품과 함께 혹은 그 일부로 존재한다. 마이크로인터랙션은 지루하고 잊혀지기 쉬운 순간이 될 수도 있고, 즐겁고 매력적인 경험이 될 수 있다. 설정을 하나 바꾸거나, 데이터나 기기를 동기화하거나, 비밀번호를 설정하거나, 전원을 켜거나, 로그인하거나, 상태 메시지를 설정하거나, 어떤 것을 '좋아요'라고 표시하는 등의 행위를 할 때마다 우리는 마이크로인터랙션을 경험한다. 마이크로인터랙션은 모든 곳에 있다. 우리가 들고 다니는 기기, 집에 있는 가전기기, 휴대폰이나 PC에 설치된 소프트웨어, 심지어 우리가 살고 일하고 있는 환경 속에도 포함되어 있다.

그림 1-1 일상적인 마이크로인터랙션의 사례: 회원 등록. Disqus의 회원 등록 양식은 입력된 이메일 주소를 바탕으로 이름을 추측해 낸다. (제공: Jakob Skjerning, Little Big Details)

마이크로인터랙션은 제품에서 기능적이고 인터랙티브한 세부사항들이다.[3] 또한 찰스 임스Charles Eames의 명언[4]에도 나오듯이, 디테일들은 그저 디테일이 아니라 디자인 그 자체다. 사람들이 의식적으로는 기억하지 못하더라도, 디테일은 좀 더 쉽게 제품에 매력을 느끼고 즐겁게 사용하도록 만들 수 있다. 어떤 마이크로인터랙션은 사실상 (혹은 실제로) 눈에 보이지 않으며, 마이크로인터랙션 때문에 제품을 사는 경우도 드물다. 일반적으로 마이크로인터랙션은 기능의 일부거나, 소위 '완벽을 기하기 위해서' 보조적으로 들어간 기능이다. 이를테면 음소

3 (옮긴이) 디자인의 세부사항detail은 업계에서 영문 그대로 '디테일'이라고 일컫는 경우가 많으며, 때로는 번역으로 전달하기 어려운 의미를 갖고 있어서 문맥에 따라 번역을 하지 않고 사용했다.

4 「100 Quotes by Charles Eames, Charles Eames」(Eames Office, 2007)(「찰스 임스의 명언 100개」(임스 오피스, 2007))

거 기능을 보고 휴대폰을 사는 사람은 없지만, 이는 당연히 기대하는 기능이다. 그리고 앞서 소개한 사례에서도 알 수 있듯이, 마이크로인터랙션은 다양한 경험(좋은 경험이든 나쁜 경험이든)을 유발할 수 있다. 어떤 마이크로인터랙션은 당황스러울 수도 있고, 어떤 마이크로인터랙션은 지루하고 잊혀질 수 있다. 하지만 좋은 마이크로인터랙션은 매력적이고 독창적이다. 이 책에서 제시할 디자인 접근법은 바로 그런 종류의 마이크로인터랙션을 만들기 위한 것이다.

고객 X의 사례는 마이크로인터랙션이 기사화되는 흔치 않은 경우 중 하나다. 우리는 매일같이 마이크로인터랙션에 둘러싸여 살고 있지만, (고객 X의 경우에서 볼 수 있듯이) 뭔가가 엄청나게 잘못되기 전까지는 보통 그 존재를 인지하지 못한다. 하지만 그 작은 규모와 존재감에도 불구하고, 마이크로인터랙션은 엄청나게 중요하다. 사람들이 좋아하는 제품과 그저 별다른 수가 없어서 사용하는 제품의 차이는 대부분 그 제품이 제공하는 마이크로인터랙션에 있다. 잘 디자인된 마이크로인터랙션은 우리의 삶을 좀 더 쉽고, 재미있고, 흥미진진하게 만들어 줄 수 있다. 마이크로인터랙션을 잘 디자인하는 방법, 바로 이것이 책에서 다루고자 하는 주제다.

이 장에서는 마이크로인터랙션을 기능으로부터 구분하는 방법을 설명하고, 마이크로인터랙션의 역사를 간략하게 돌아본다. 그러고 나서 이 책의 나머지 부분에서는 마이크로인터랙션 구조에 대해서 자세히 알아볼 것이다. 마이크로인터랙션 모델은 마이크로인터랙션을 이루고 있는 모든 구성요소들을 분석하고 고찰할 수 있는 방법을 제공하며, 이를 통해 우리는 마이크로인터랙션을 디자인하거나 개선할 수 있는 방법을 알게 된다. 끝으로, 마이크로인터랙션을 실제 업무 과정의 일부로 포함시키는 방법에 대해서 이야기하게 될 것이다.

작지만 중요한 요소

잘 디자인된 마이크로인터랙션과 매크로인터랙션(macro-interaction, 즉 '기능')의 조합은 강력한 힘을 가지며, 경험 디자인이 진정으로 추구하는 방향이기도 하다. 사용자가 제품을 쓰면서 좋은 경험을 할 수 있도록 하려면 큰 그림뿐만 아니라 세부사항에도 주의를 기울여야 한다 (그림 1-2 참조).

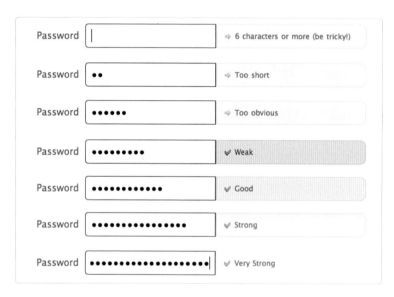

그림 1-2 트위터의 비밀번호 입력 양식은 피드백을 섬세하게 제공함으로써 일상적인 '비밀번호 선택' 마이크로인터랙션을 훌륭하게 바꾼 사례다. (제공: Little Big Details)

마이크로인터랙션은 그 규모로 보나 범위로 보나 기능과는 차이가 있다. 기능은 대체로 여러 사용 사례를 포괄하기 때문에 복잡하고, 오랜 시간 동안 사용하게 되며, 쓰면서 생각을 많이 해야 한다. 반면에 마이크로인터랙션은 짧고 단순하며 별다른 노력 없이 쓸 수 있다(그림 1-3 참조). 음악 플레이어는 하나의 기능이고, 음량을 조절하는 것은 그 기능에 포함된 마이크로인터랙션 중 하나다.

그림 1-3 페이스북 페이지에 올라온 글이 설정된 기본 언어로 적혀 있지 않으면, 자동으로 번역 기능이 표시된다. (제공: Marina Janeiko, Little Big Details)

마이크로인터랙션은 다음과 같은 경우에 적용하면 좋다.

- 하나의 작업을 수행할 때
- 기기들을 서로 연결할 때
- 단순한 정보를 주고 받을 때 (예: 주식 가격, 날씨)
- 진행 중인 기능을 조정할 때 (예: TV 채널 조정)
- 설정을 바꿀 때
- 간단한 내용을 작성하거나 확인할 때 (예: 상태 메시지)
- 어떤 기능을 켜거나 끌 때

작지만도 않은 마이크로인터랙션

마이크로인터랙션은 제품의 일부가 될 수도 있고 그 제품 전체가 될 수도 있다. 토스터를 예로 들어 보자. 토스터는 빵을 굽는 단 한 가지 동작만을 수행한다. 사용자가 구울 식빵을 토스터 안에 집어넣고 시작 버튼을 누른다. 토스터가 식빵을 굽는다. 잠시 후 다 구워진 식빵이 튀어나오고 끝난다. 물론 이 과정은 여러 가지로 달라질 수 있지만(이를테면, 식빵 대신 베이글을 구울 수도 있다), 일반적으로 토스터라는 기기는 온전히 하나의 마이크로인터랙션으로 이루어졌다고 할 수 있다.

이와 비슷한 경우로, 간단한 앱이 단 하나의 마이크로인터랙션으로 이루어져 있을 수 있다. PC와 휴대기기에서 실행할 수 있는 수천 개의 앱들은 Convertbot처럼 수치를 다른 단위로 변환하거나(그림 1-4 참조), 계산을 하거나, 날씨 정보를 보여 주는 등 한 가지 단순 작업만을 제대로 수행하도록 되어 있다.

그림 1-4 Tapbot사의 Convertbot은 수치를 다른 단위로 변환해 주는 간단한 하나의 마이크로인터랙션을 수행하기 위해 만들어진 앱이다.

혼히 마이크로인터랙션은 제품을 디자인하고 개발하는 데 있어서 마지막으로 고려되며, 그러다 보니 종종 간과되곤 한다. 하지만 마이크로인터랙션을 무시하는 것은 큰 실수다. 모바일 운영체제인 안드로이드가 처음 나왔을 때 그렇게 덜 다듬어진 것처럼 느껴진 이유는 바로 마이크로인터랙션이 거칠었기 때문이었다. 이는 특히 아이폰과 비교되면서 뚜렷하게 드러났는데, 이를테면 항목을 삭제하는 방법이 일관적이지 않다든가, 어떤 앱에서는 검색 버튼[5]을 눌러도 아무 일이 생기지 않았다든가 하는 문제가 있었다. 마이크로인터랙션이 허술하다는

5 (옮긴이) 초창기 안드로이드 기기에는 하드웨어 자체에 검색 버튼이 달려 있어서 사용 맥락에 따른 검색 기능을 실행할 수 있었지만, 앱에서 검색 기능을 제공하지 않으면 아무 동작도 하지 않는 경우가 있었다.

것은 결국 핵심기능을 잘 만들어 놓고 불편함과 당혹스러움으로 그 기능을 덮어버리는 격이다. 제품의 디자인이 얼마나 잘 되어 있는지는 가장 작은 부분의 디자인에 달려 있다.

PC든 휴대기기든 상관없이 모든 운영체제가 하는 일은 애플리케이션을 설치하거나 실행하고, 파일을 관리하고, 소프트웨어와 하드웨어를 연결하고, 실행 중인 애플리케이션과 윈도우를 관리하는 일 등 기본적으로 동일하다. 하지만 사용자의 관점에서 봤을 때, 운영체제 사이의 차이는 쓰면서 매일, 혹은 심지어 매 시간 겪게 되는 마이크로인터랙션에 있다(그림 1-5, 1-6 참조).

그림 1-5 필자가 사용하는 OS X의 메뉴 바는 온갖 아이콘으로 가득 차 있으며, 각각의 아이콘을 클릭할 때마다 마이크로인터랙션이 시작된다.

물론 기능 중에는 아주 유용하거나 강력해서 (혹은 지적재산권으로 철저하게 보호되어 있어서) 마이크로인터랙션이 별로 의미 없는 경우도 있다. 발전 단계의 초기에 있는 기술이나 의료기기의 경우에는 그 물건을 쓰는 방법보다 무슨 기능을 수행할 수 있는지가 더욱 의미 있는 부분이며, 따라서 마이크로인터랙션의 중요성이 상대적으로 적다. 예를 들어, 2002년 로봇청소기 '룸바Roomba'가 처음 나왔을 때에는 방의 크기를 계산하거나 장애물과 먼지를 감지하는 기능이 없었다. 하지만 로봇청소기가 그 당시에는 새로운 기술이었기 때문에 그 자체로도 충분한 의미가 있었다. 그 이후의 모델들은 (무엇보다 시장에 경쟁 제품이 나온 다음이었기 때문에) 인간과 로봇 사이의 마이크로인터랙션에 좀 더 집중되어 있다.

경쟁이 심한 시장의 경우, 마이크로인터랙션은 더욱 더 중요해진다. 기능상 동일한 제품이 있을 때, 소비자가 제품을 받아들이고 그 브랜드를 좋아하게 만드는 것은 제품과 관련된 경험이며, 어떤 제품에 대한 경험은 대체로 그 제품이 제공하는 마이크로인터랙션에 달려 있다. 제품을 보고 느낀다고 할 때는 '느낌'이 관여되는 법이다. 구글플러스Google+가 페이스북Facebook과의 경쟁에서 처참하게 실패한 이유는 마이크로인터랙션에 있었다. 친구들을 여러 개의 서클circles로 분류하는 방식이 처음에는 흥미로울지 몰라도, 곧 피곤하고 쓸데없게 느껴졌던 것이다.

　마이크로인터랙션에 주의를 기울여야 하는 또 다른 이유는, 여러 개의 정보 기기를 사용하는 상황에 아주 잘 들어맞기 때문이다. 마이크로인터랙션은 휴대용 기기, TV, PC와 노트북 컴퓨터, 가전 기기, 웹 등에서 따로따로 제공하는 기능을 하나의 맥락으로 엮어 주는 접착체 역할을 한다. 어떤 기술을 통해 제공되느냐에 따라 근본적인 차이는 있지만, 마이크로인터랙션은 크기가 작기 때문에 사용상의 일관성을 비교적 쉽게 유지할 수 있게 해준다. 이와 비교하면 서로 다른 기술을 통해서 구현된 기능들이 일관성을 갖기란 어려운 일이다. 한편, 화면이 작거나 아예 없는 가전제품과 휴대폰은 마이크로인터랙션을 위해 만들어진 것처럼 보일 정도다. 작은 인터랙션은 작은 기기에 매우 적합하다.

트위터Twitter를 예로 들어 보자. 트위터는 140자 이하의 짧은 글을 주고 받는 하나의 마이크로인터랙션을 중심으로 만들어졌다. 사용자는 어디에서든 어느 기기를 통해서든 이 작업을 수행할 수 있다. 심지어 스스로 알아서 트위터에 메시지를 올리는 물건들도 등장했다. 트위터는 소식을 퍼뜨리거나 메시지를 전달함으로써 혁명을 일으키는 도구가 될 수도 있다. 잘 디자인된 마이크로인터랙션은 다양한 기반의 시스템에 쉽게 적용되고, 수백만 명의 사용자도 문제 없이 지원할 수 있다(그림 1-7 참조).

그림 1-7 섬세하게 작성된 메시지의 사례. Harvest의 고객 지원 정보를 확인하려고 하면, 사무실의 영업 시간과 함께 사무실이 있는 지역의 현재 시간을 알려 준다. (제공: Nicolas Bouliane)

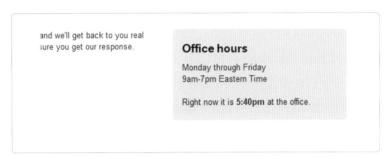

and we'll get back to you real sure you get our response.

Office hours

Monday through Friday
9am-7pm Eastern Time

Right now it is **5:40pm** at the office.

그렇지 않아도 이런저런 일로 복잡다단하고 어수선한 우리의 인생도 마이크로인터랙션이라면 받아들일 수 있다. 어떤 자료를 훑어보거나, 식당에서 체크인하거나, 지하철에서 메시지를 확인하는 일 등은 우리에게 필요하고 또 자주 하는 일이다. (또한 '캐주얼 게임'이라는 분야는 결국 즐거움을 위해 만들어진 독립적인 마이크로인터랙션을 한데 모아 놓은 것이다.)

마이크로인터랙션은 디자이너로 하여금 단순하게 작업하면서 세부 사항에 집중할 수 있게 해준다. 디자이너는 마이크로인터랙션을 통해서 부담스러울 수 있는 기능을 배제한 채 복잡함을 줄이고 필요한 기능만 남기면 얼마나 단순하게 디자인할 수 있는지 알게 된다(그림 1-8).

그림 1-8 마이크로소프트 오피스에서는 글자를 회전시키면 관련된 버튼도 같이 돌아간다. (제공: Little Big Details)

마이크로인터랙션의 숨겨진 역사

젊은 엔지니어 래리 테슬러Larry Tesler는 1974년 제록스 알토Xerox Alto 컴퓨터에서 구동할 집시Gypsy라는 애플리케이션을 만들고 있었다. 집시는 초창기 문서 편집 애플리케이션 중 하나로, 처음으로 진정한 직접 편집(WYSIWYG[6]) 방식을 제공했던 브라보Bravo 애플리케이션의 후속 프로그램이자, 글꼴을 바꿀 수 있는 기능이 있는 최초의 프로그램이었다. 집시가 문서 편집을 목적으로 하는 프로그램이긴 했지만, 그 이전까지 나온 그 어떤 프로그램과도 다른 종류의 애플리케이션이었다. 마우스와 그래픽 사용자 인터페이스Graphical User Interface(GUI)를 적용했던 것이다. 당시 래리가 목표로 했던 (그리고 그 이후로도 수십 년간 지속적인 논쟁거리로 삼아 온) 부분은 인터페이스에서 모드mode 구분을 없애서 사용자가 어떤 기능을 수행하려고 할 때 특정 상태로 전환하지 않아도 되도록 하는 것이었다. (래리의 웹사이트는 http://www.nomodes.com이며, 트위터 이름으로도 @nomodes를 사용하고 있다. 래리는 심지어 자동차에도 NOMODES[7]라고 적힌 번호판을 달고 다닌다.) 래리는 사용자들이 키보드로 문자를 입력할 때 그 문자가 화면에 나타나기를 원했다. 문서 편집 애플리케이션이라면 당연히 기대할 만한 기능이다. 하지만 이전 세대의 브라보는 그와 다른 방식으로 동작하고 있었다. 키보드를 통한 문자 입력은 특정한 모드에서만 가능하며, 다른 모드에서 키보드로 입력하면 그 문자에 대응하는 기능을 실행했다.

6 (옮긴이) 'What You See Is What You Get'의 줄임말로, '위지위그'라고 읽는다. 문서를 편집된 모습 그대로 화면에 표시한 채 직접 수정할 수 있는 방식을 말하며, 오늘날 일반적인 문서 편집 프로그램에서 모두가 채용하고 있는 방식이다. 마치 HTML처럼 코드로 표기된 내용을 보면서 문서를 편집한 다음에 문서 보기 기능을 실행하거나 심지어 문서를 종이에 인쇄한 다음에서야 편집된 결과를 확인할 수 있었다. 그런데 당시의 작업 방식에 비해 화면에 글꼴의 종류와 크기, 문단의 정렬과 배치 등이 시각적으로 표시되고 그 내용을 직접 보면서 편집할 수 있는 WYSIWYG 방식은 가히 혁신적이었다.

7 번호판 사진은 다음 주소에서 찾아볼 수 있다. http://nomodes.com/Larry_Tesler_Consulting/CV_files/NOMODES.jpg

그림 1-9 브라보의 '스크린샷'
(즉석 카메라로 촬영되어 있
다). 아래쪽 창의 편집 작업을
통해서 위쪽 창에 표시된 것
과 같은 양식의 문서가 만들어
지고 있다. (제공: DigiBarn
Computer Museum)

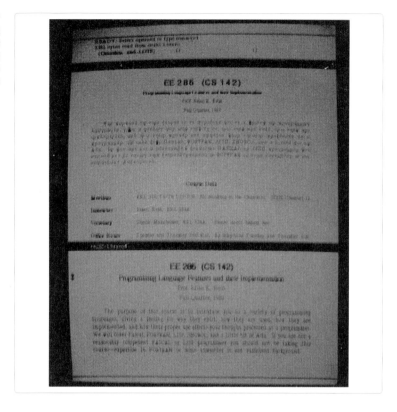

키보드 입력으로 실행되는 기능 중에는 문서 한 부분에 있는 구절을
다른 부분으로 옮기는 기능이 있었다. 브라보에서(그림 1-9 참조) 사
용자는 우선 문서 상에서 원하는 위치를 선택한 다음, 키보드에서 'I'나
'R'을 눌러 삽입Insert 모드나 대체Replace 모드로 들어간 후, 옮기려는 문구
를 찾아 선택하고 나서, ESC 키를 눌러야 복사 기능이 실행됐다.[8] 래리
는 이런 기능을 수행하는 데에는 더 나은 방법이 있다고 생각했고, 마
우스 입력을 활용해서 이 마이크로인터랙션을 획기적으로 단순하게
만들 수 있는 방식을 디자인했다. 집시에서는 사용자가 문구를 선택
하고 '복사' 기능키를 누른 다음, 선택한 문구를 옮길 위치를 선택하고
'붙여넣기' 기능키를 누르는 방식이 도입되었다. 이는 별개의 모드 전

8   상세한 내용은 『Bravo
Course Outline』 (Suzan
Jerome, Xerox, 1976)에서
찾아볼 수 있다.

환이 필요 없는 방식이었고, 그렇게 복사해서 붙여넣기Copy and Paste 기능
이 태어난 것이다.

서로 밀접한 관련이 있는 인터랙션 디자인과 인간-컴퓨터 상호작용
Human-Computer Interaction(HCI)의 역사는 사실 마이크로인터랙션의 역사라고
할 수 있다. 우리가 데스크톱이나 노트북 컴퓨터, 휴대용 기기에서 의
식하지도 못한 채 매일 사용하는 자잘한 항목들은 한때 새로운 마이크
로인터랙션이었다. 문서를 저장하는 것에서부터 파일을 폴더로 정리
하고 무선 인터넷에 접속하는 방식까지도 모두 누군가가 디자인한 마
이크로인터랙션이다. 심지어 가장 기본적인 스크롤하기나 창 여러 개
열기도 디자인과 엔지니어링이 필요했다. 기술의 진보에 따라 새로운
마이크로인터랙션에 대한 요구는 계속되어 왔다. 우리는 그런 마이크
로인터랙션을 별 생각 없이 사용하다가, 누군가 더 좋은 인터랙션 방
식을 디자인해 내거나 기술의 변화와 함께 그 마이크로인터랙션을 수
행하는 새로운 방식이 필요하게 되면 그때서야 비로소 주의를 기울이
게 된다.

실제로 기술적인 측면에 변화가 있을 때마다, 그 기술을 지원하는
마이크로인터랙션도 함께 변했다. 스크롤하기를 예로 들어 보자. 브라
보에서도 스크롤의 초창기 형태를 제공했지만, 스크롤 방식이 제대로
규정된 것은 1973년에서 1976년 사이에 앨런 케이Alan Kay, 아델 골드버
그Adele Goldberg, 댄 잉겔스Dan Ingalls가 제록스 팔로알토 연구소Xerox PARC의
또 다른 제품인 스몰토크SmallTalk에 스크롤바를 소개했을 때다. 스몰토
크의 스크롤 방식은 당시엔 아직 거칠어서 픽셀 단위가 아닌 행 단위
로 움직였다. (픽셀 단위의 스크롤 방식은 이후 스티브 잡스와 그의 기
술 팀에 의해서 시연되면서 유명해졌으며, 나중에 애플의 리사Lisa(그림
1-10)에 구현되었고 이후 매킨토시Macintosh에도 적용되었다.[9])

컴퓨터로 다루는 문서가 점점 더 길어지면서, 스크롤바에는 스크롤

9 이에 대한 묘사는 『Dealers
of Lightning: Xerox PARC
and the Dawn of the Com-
puter Age』(Michael A.
Hiltzik, Harper Business,
2005)에서 찾아볼 수 있다.

을 하지 않고도 문서의 끝으로 바로 갈 수 있는 화살표 버튼이 추가되었다. 툴팁 형태의 표식을 통해서 사용자가 문서 중 어느 부분을 읽고 있는지를 알려 주기도 한다. 하지만 진정한 변화는 터치스크린 기술이 트랙패드와 휴대 기기에 적용되면서 나타났다. 문서를 아래로 스크롤하려고 할 때 손가락을 위로 움직여야 할까, 아래로 움직여야 할까? 애플이 아이폰을 발표한 후, 노트북과 휴대 기기의 스크롤 방식을 '자연스러운 스크롤 방식natural scrolling'으로 통일하기 위해 OS X Lion 버전부터 아래 스크롤 명령의 방향을 아래로 내리는 방식에서 위로 올리는 방식으로 바꾼 것은 유명하다. (이 변화에 대해서는 마이클 애거Michael Agger가 슬레이트Slate지에 기고한 「Apple's Mousetrap: Why did Apple reverse the way we scroll up and down?」이라는 글을 참고하라.[10]) 애플은 또한 스크롤이 진행 중이거나 마우스 커서가 창의 오른쪽 끝에 가까이 있는 경우를 제외하고는 스크롤바를 보이지 않게 함으로써 일부 사용자의 원성을 샀다. 마이크로인터랙션의 변혁은 계속되고 있다.

10 http://slate.me/10nnZN8

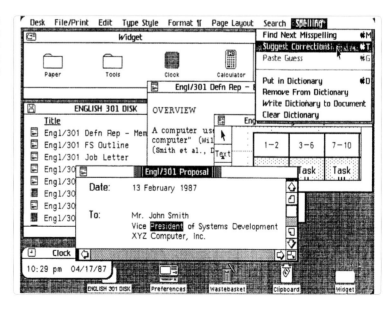

그림 1-10 애플의 리사(1982)는 수십 가지 (당시 상황에선) 새로운 마이크로인터랙션을 포함하고 있었다. (제공: Lisa Graphical User Interface Gallery Guidebook)

디지털 제품만 마이크로인터랙션을 포함하는 것은 아니다. 마이크로인터랙션은 최초의 전자제품들인 라디오(1893), 조명등(1986), 세탁기(1900) 등에서 비롯되었다고 볼 수도 있다. 디자이너 빌 드루시Bill DeRouchey가 「버튼의 역사」[11]라는 발표를 통해서 언급했듯이, 전자제품이 등장하기 이전 기계 시대의 사용자는 의도하는 동작을 직접 조작할 수 있었다. 레버를 당기면 기어가 함께 돌아가고 연결된 바퀴가 회전하는 게 보였다. 입력과 출력을 연결 짓기도 쉬웠다. 그런데 전기는 그 모든 것을 바꿔 놓았다. 벽에 붙은 버튼을 눌러 방 반대쪽에 있는 불빛을 바로 켤 수도 있다. 물론 여기서 피드백은 순간적으로 일어나지만, 그런 일이 가능해지기까지의 발전 과정은 그렇게 단순하지 않았다. 드루시는 「버튼의 역사」에서 이렇게 말했다. "버튼의 등장으로 인간의 동작은 그로 인해 생기는 움직임과 처음으로 완전히 분리될 수 있게 됐다." 동작이 추상적인 의미를 갖게 된 것이다.

특히 GUI가 등장할 때까지 디지털 시대에서는 동작의 추상화 정도가 점점 더 심해졌다. 사용자가 펀치카드punchcard[12]를 한 뭉텅이 집어넣거나 줄지어 선 스위치를 켜고 끄면 컴퓨터는 뭔가 복잡하고 알아보기 힘든 결과를 출력해 냈다. GUI가 등장하고 나서 한동안은, 마이크로인터랙션이 깔끔하고 단순해졌다. 하지만 그 후 무어의 법칙Moore's Law(프로세서의 속도는 18개월마다 두 배로 빨라진다), 쿠미의 법칙Koomey's Law(하드웨어의 에너지 소비량은 18개월마다 반으로 줄어든다), 크라이더의 법칙Kryder's Law(저장 공간은 기하급수적으로 증가한다), 그리고 네트워크 속도와 범위의 증대(유선 인터넷으로 시작해서, 곳곳에 설치된 무선 인터넷은 물론이고 휴대폰 네트워크를 통한 무선 인터넷까지)로 인해서 더 많은 마이크로인터랙션이 필요하게 됐으며, 그렇게 늘어난 마이크로인터랙션들은 그저 전등을 켜는 것보다 훨씬 더 추상적인 기능을 조작하게 됐다. 한 가지 사례로 기기들 간에 데이터를 동기화

11 http://slidesha.re/1049o1K

12 (옮긴이) 화면과 키보드를 통한 입력 이전에 사용되던 컴퓨터의 입력/저장 방식으로, OMR 카드와 비슷한 형태지만 선택된 항목에 구멍을 뚫어 컴퓨터가 기계적 혹은 광학적인 방식으로 그 내용을 읽어 들일 수 있도록 했다.

하는 기능을 생각해 보면, 이는 추상적인 개념이며 그 기능에 대해서 물리적으로 비유할 수 있는 개념조차도 없다.

입력 방식도 마이크로인터랙션을 극적으로 변화시키고 있다. 버튼, 스위치, 키보드, 마우스 같은 물리적인 조작 장치뿐만 아니라 터치스크린, 센서, 음성, 동작 등의 방식으로도 마이크로인터랙션을 시작할 수 있게 된 것이다. 물리 환경과 상호작용할 수 있는 유일한 방법이 물리적인 조작 장치였던 시절은 그다지 오래된 이야기가 아니다. 로버트 애들러Robert Adler라는 사람이 최초의 TV 리모컨인 제니스 스페이스 커맨더Zenith Space Commander(그림 1-11)를 발명했고, 이로부터 사용자들은 처음으로 멀리 떨어진 물체를 보이지 않는 방식으로 조작할 수 있게 되었다.

그림 1-11 이전부터 무선 조종이 가능한 비행기와 선박(대부분 군사 용도로 쓰였다)이기기는 했지만, 스페이스 커맨더 리모컨은 일반 소비자에게서 조작을 하려면 가까이 가야 힌다는 개념을 없애 버렸다. (제공: Peter Ha)

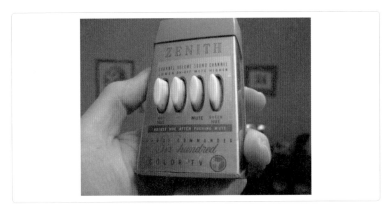

오늘날에는, 심지어 같은 방에 있지 않아도 마이크로인터랙션을 시작할 수 있다. 적당한 장비를 갖추고 있으면 집안의 온도를 지구 반대편에서도 조절할 수 있다(그림 1-12 참조). 어느 지점으로 가는 행동만으로 마이크로인터랙션을 시작하기도 한다. 휴대폰은 어느 동네에 들어서기만 해도 거기에서 할 일을 상기시켜 주고, 네비게이션 기기는 운전 중에 좌회전해야 하는 곳을 알려 주기도 한다. 공중 화장실에서는 수도꼭지 아래에 손을 대면 물이 나온다. 휴대폰을 이용하면 주변에 있는

음식점을 찾아볼 수도 있고, 터치스크린에 손가락을 대고 아래로 내리면 검색 도구가 드러나기도 하며, 계산대에 휴대폰을 갖다 대는 것만으로도 커피 값을 지불할 수 있다. 이런 사례는 헤아릴 수 없이 많다.

그림 1-12 네스트Nest사의 학습형 온도조절기Learning Thermostat는 근접 센서를 이용해서 사람이 방으로 들어오는 것을 감지하면 화면을 점등하고 방 안의 온도를 눈에 잘 띄게 표시해 준다. 손으로 조작할 필요가 전혀 없다. (제공: Nest)

기술의 역사는 마치 공생 관계와 같이, 마이크로인터랙션을 규정짓고 관리하고 조정하는 마이크로인터랙션의 숨겨진 역사이기도 하다.

마이크로인터랙션의 구조

효과적인 마이크로인터랙션을 만드는 것은 그 크기뿐만이 아니라 형태와도 직접적인 관련이 있다. 아름답게 빚어진 마이크로인터랙션은 앞으로 설명할 네 가지 요소를 훌륭하게 다룬다(그림 1-13 참조).

그림 1-13 마이크로인터랙션의 구조

마이크로인터랙션을 시작하는 트리거trigger, 마이크로인터랙션이 어떻게 동작하는지를 결정하는 동작규칙rule, 마이크로인터랙션의 동작 상황을 표시하는 피드백feedback, 마이크로인터랙션에게 영향을 미치는 상위규칙인 순환loops과 모드modes, 이 네 가지 요소를 통해서 우리는 마이크로인터랙션을 디자인하고 분석할 수 있다.[13]

　모든 마이크로인터랙션의 첫 번째 요소는 트리거다. 아이폰에서 벨소리를 끌 때는 수동 트리거가 쓰인다. 즉 마이크로인터랙션을 시작하기 위해서는 사용자가 뭔가 행동(이 경우엔 스위치를 끄는 동작)을 해야 하는 것이다. 마이크로인터랙션은 대개 사용자가 하고자 하는 작업의 내용, 시기, 주기 등 사용자의 필요를 이해하는 데에서 비롯된다. 사용자의 필요는 트리거의 어포던스affordance, 접근성, 지속성을 결정한다. 휴대폰 음소거 기능의 사례에서 벨소리를 끄는 것은 사용자가 수시로 빠르게 수행해야 하는 매우 흔한 기능이다. 따라서 이를 위한 트리거(음소거 스위치)는 언제나 쉽게 접근할 수 있어야 하며, 무슨 기능을 수행하는 중이든 간에 바로 켜고 끌 수 있어야 한다. 그 중요성 때문에, 음소거 스위치는 아이폰에 달려 있는 다섯 개 뿐인 물리적 조작장치 중 하나가 됐다. 조작 장치는 디지털이든 물리적이든 수동 트리거에서 가장 중요한 부분이다. 조작 장치는 마이크로인터랙션을 실행할 수 있는 방법을 (그리고 경우에 따라 실행되고 있는 마이크로인터랙션을 조정할 수 있는 방법도) 제공할 뿐만 아니라, 일반적으로 마이크로인터랙션의 존재를 알리는 시각적인 어포던스도 함께 제공한다

13　(옮긴이) 마이크로인터랙션의 네 가지 요소들 중에서, 우리말에 딱히 적당한 표현이 없고 현업에서 이미 외래어로 정착된 단어의 경우에는 따로 번역하지 않았다.

(그림 1-14 참조). 만일 아이폰에 음소거 스위치가 없었다면, 휴대폰에 그런 기능이 있다는 사실을 짐작하더라도 어디에서 그 기능을 실행시킬 수 있는지는 따로 찾아야 했을 것이다. 최근의 휴대폰에서도 그런 경우를 볼 수 있기는 하지만, 오래된 휴대폰은 많은 경우 음소거 기능이 설정 메뉴에서 몇 단계나 아래에 숨겨져 있었다. 그 설정이 어디에 있는지를 아는 사용자들조차도 음소거를 설정하는 데 10초나 걸리곤 했다. 물리적으로 기기에 달려 있는 음소거 스위치는 켜고 끄는 데에 1초도 걸리지 않는다.

그림 1-14 트리거의 사례. iOS 시스템에서는 (윈도우 모바일과 마찬가지로) 휴대 기기가 잠겨있는 상태에서도 사진기를 사용할 수 있다. 사진기 아이콘을 누르면 아래쪽 조작 영역이 약간 위쪽으로 튀어 올라 사용자에게 그 기능을 쓰려면 손가락을 위로 쓸어 올려야 한다는 것을 알려 준다. 물론 '밀어서 잠금 해제' 역시 또 하나의 트리거다.

물론 물리적인 조작 장치에 스위치만 있는 것은 아니다. 최선의 디자인이 당연하고 유일한 결론처럼 보이기는 하지만, 디자인된 물건은 모두 다른 식으로도 디자인할 수 있다. 윈도우 폰Windows Phone에서는 소리 크기를 조절하는 기능이 있는 상하 버튼을 누르면 사용자가 벨소리 설정을 '진동'이나 '벨소리+진동'으로 바꿀 수 있는 창을 화면에 띄워 준다.
　하지만 모든 트리거가 사용자에 의해서 시작되는 것은 아니다. 특정한 조건이 충족되었을 때 어떤 기기나 애플리케이션이 스스로 이를 감지하고 마이크로인터랙션을 시작한다면, 이는 시스템 트리거가 된다. 트리거를 시작하는 조건은 새 이메일이 도착할 때일 수도 있고, 하루 중 정해진 시간이 될 수도 있으며, 선택한 주식의 거래 가격이나 사용자의 현재 위치가 될 수도 있다. 이를테면 휴대폰의 음소거 기능은 사용자의 일정과 간단히 연동되어 회의가 진행 중인 동안에는 자동적으로 음소거 상태가 되도록 할 수 있다. 혹은 현재 위치를 알고 있다면 영화관이나 공연장에 있는 동안 음소거 기능을 작동시킬 수도 있다. 우리가 사용하는 애플리케이션과 기기들이 점점 더 많은 센서를 장착하고 다양한 맥락을 인지하게 되면, 언제 어떤 기능을 할지 스스로 결정하는 경우가 점점 더 늘어날 것이다.

🐾　　트리거는 2장에서 다룬다.

물론 그렇게 되면 사용자는 최소한 그런 동작이 어떻게 일어나는지를 이해하고, 나아가 시스템 트리거들을 조정하고 싶을 것이다. 이를테면 고객 X는 휴대폰의 음소거가 어떻게 동작하는지를 알고 싶었을 것이다. 다른 말로 하자면 사용자는 마이크로인터랙션의 **동작규칙**을 알고 싶어한다는 것이다.

　마이크로인터랙션은 일단 시작되면 일련의 동작을 수행한다. 간단히 말해서 시스템에 뭔가 변화가 일어나는 것이다(그림 1-15 참조). 이는 보통 어떤 일련의 기능이나 인터랙션이 실행된다는 뜻이지만, 그 애플리케이션이나 기기의 특정 상태를 보여 주는 것일 수도 있다. 이런 동작은 사용자가 원하는 바를 유추하기 위해서 별도의 정보를 사용하기도 한다. 어떤 경우든 마이크로인터랙션은 최소한 하나의 동작규칙과 연관되어 있고, 그런 규칙은 일반적으로 디자이너에 의해서 정의된다.

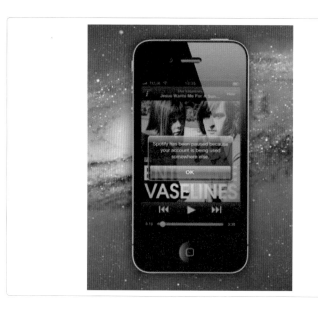

그림 1-15 동작규칙의 사례. 음악 스트리밍 서비스인 Spotify를 하나의 아이디로 여러 기기에서 사용할 때, 한 기기에서 음악을 재생하면 다른 기기에서 재생되는 음악은 일시 정지 상태가 된다. 일시 정지된 음악을 다시 재생하면 다시 다른 쪽의 기기에서 음악이 일시 정지된다. 이 마이크로인터랙션은 Spotify를 여러 개의 기기에서 원만하게 사용할 수 있게 해준다. (제공: Sebastian Hall)

가장 단순한 동작이라고 할 수 있는, 전등 켜기 마이크로인터랙션을 생각해 보자. 사용자가 트리거(전등 스위치)를 작동시키면, 전등이 켜진다. 이 마이크로인터랙션에는 기본적으로 단 한 가지 동작규칙이 있다. 즉, 전등은 스위치가 다시 꺼질 때까지 계속 켜져서 밝은 상태를 유지해야 한다. 밝기 조절 장치나 움직임 센서를 장착함으로써, 주변에 움직임이 없을 때 전등이 꺼지도록 하는 등 규칙에 변화를 줄 수도 있다. 그렇지만 전등 스위치를 올릴 때 전등이 켜지는 기본 동작규칙은 매우 단순해서, 삼척동자라도 전등을 어떻게 켜고 끄는지 알 수 있다.

소프트웨어나 디지털 전자 기기의 경우에는, 작은 마이크로인터랙션조차도 훨씬 더 미묘하고 이해하기 어려운 동작규칙을 갖고 있는 경우가 있다. 고객 X가 연주회를 망치게 된 이유는 휴대폰의 음소거 기능 때문이었는데, 이는 피드백이 확실하지 않아서 동작규칙 자체를 인지할 수 없었던 것에 기인한다. (나중에 이런 사례에 대해서 좀 더 자세히 다룬다.) 19세기의 기계 장비들과 달리, 사용자는 트리거에 연결되어 있는 동작을 볼 수 없는 경우가 일반적이다. (이런 특징은 해커들에 의해서 매우 효과적으로 활용되는데, 어떤 프로그램이 구동될 때 사용자 모르게 컴퓨터에 바이러스를 설치할 수도 있다.)

🐾 동작규칙은 3장에서 다룬다.

디지털 기기를 사용하는 동안 보고 듣는 모든 것은 추상화된 정보다. 어떤 종류의 소프트웨어나 기기를 사용할 때 그 안에서 무슨 일이 일어나는지를 정확히 아는 사람은 거의 없다. 이를테면 사실 우리는 '문서'를 '폴더'에 집어 넣는 게 아니고, '이메일'이 '수신함'에 도착하는 것도 아니다. 이 모든 것은 그 안에서 벌어지는 상호작용을 우리가 이해하기 쉽게 해주는 은유metaphor에 불과하다. 이렇게 우리가 보고 듣고 느낌으로써 시스템의 동작규칙을 이해할 수 있게 해주는 모든 것이 마이크로인터랙션의 세 번째 요소인 피드백에 해당한다.

　피드백은 시각, 청각, 촉각(진동) 등 여러 형태가 될 수 있다. 어떤 피드백은 스위치를 올렸을 때 전구에 불이 들어오는 것처럼 느끼지 않을 수 없을 정도로 명확하다. 어떤 피드백은 이메일 애플리케이션이나 모바일 앱에 표시되는 읽지 않은 메시지 개수처럼 시스템 속에 섬세하게 표시되기도 한다. 피드백은 내비게이션 시스템에서 어느 골목으로 들어가야 하는지를 말해 주는 음성처럼 설명적인 경우도 있고, 복잡한 패턴으로 반짝이는 표시등처럼 모호한 신호일 수도 있다. 주머니 속의 휴대폰이 메시지가 도착했음을 알리려고 울리는 요란스러운 알림음일 수도 있고, 화면 상의 패널이 열릴 때 들려오는 조용하고 섬세한 속삭임인 경우도 있다. 중요한 것은 이 모든 게 필요한 정보를 가장 적합한 방식으로 전달하기 위해서, 수행하는 동작에 걸맞는 피드백을 제공한다는 것이다.

앞서 언급된 아이폰의 음소거 기능 사례에서는 두 가지의 피드백이
제공된다. 스위치를 켜거나 껐을 때 화면 한가운데 잠깐 나타나는 표
시와 휴대폰이 음소거 모드에 있을 때 실제 스위치에서 확인할 수 있
는 자그마한 주황색 표식이 그것이다. 하지만 음소거 모드로 해놓은
동안에도 알람이 울린다는 표시는 어디에도 찾아볼 수 없으며, 바로
이 점이 고객 X에게 크나큰 낭패를 맛보게 했다. 또한 화면 한가운데
나타났다가 몇 초 후에 사라지는 표시 외에는 화면상에서 설정 상태를
확인할 수 있는 표식이 전혀 없다. 무슨 이유인지는 몰라도 그렇게 디
자인되어 있는 것이다.

피드백은 단지 트리거에 대응할 뿐만 아니라, 제품의 개성을 표현하
는 방법이기도 하다. 사실 피드백은 겉모습과 함께 제품의 개성을 완
전하게 정의하는 요소라고 할 수 있다.

피드백은 그림이나 소리나 진동에 국한되지 않으며, 애니메이션도
포함할 수 있다(그림 1-16 참조). 마이크로인터랙션이 어떻게 나타나
고 사라지는가? 항목이 움직일 때 무슨 일이 일어나는가? 얼마나 빨리
이동하는가? 움직이는 방향이 어떤 의미를 갖는가?

그림 1-16 피드백의 사례.
Coda2에서 'Process My
Order(주문하기)' 버튼을 클릭
하면 진행 표시 막대로 바뀐다.
하지만 표시되는 문자는 'Pro-
cessing Order(주문 처리 중)'
과 'Order Processed!(주문
처리 완료!)'로 바꾸는 편이 나
을 것이다. (제공: Christophe
Hermann, Little Big Details)

피드백도 자체적인 규칙을 갖고 있다. 언제 나타나고, 어떻게 색상을
바꾸고, 사용자가 휴대 기기를 돌려 잡았을 때 화면을 어떤 식으로 회

전해야 하는지 등이 여기에 해당한다. 이런 규칙들은 사용자들이 그 설정된 값을 직접 조정하고 싶어 할 수 있기 때문에, 그 자체만으로도 마이크로인터랙션으로 생각할 수 있다.

🐾 피드백은 4장에서 다룬다.

마이크로인터랙션의 마지막 부분은 마이크로인터랙션의 상위 규칙이라고 할 수 있는 순환과 모드다. 마이크로인터랙션이 진행되면서 시간에 따라 어떤 일이 벌어지는가? 사용자가 (물리적인 음소거 스위치의 경우와 같이) 직접 끌 때까지 상호작용이 유지되어야 하나? 아니면 어느 정도 시간이 지난 다음에 원래대로 돌아가야 하나? 다른 명령을 수행해야 하거나 조건이 바뀌면 어떻게 해야 하나? 그림 1-17에서 그 사례를 볼 수 있다.

모드를 구분하는 것은 되도록 피해야 하는 방법이지만, 어떤 마이크로인터랙션은 몇 가지로 구분되는 모드를 갖게 된다. 예를 들어 날씨 앱의 경우를 생각해 보자. 날씨 앱의 주된 (기본) 모드는 날씨를 표시하는 상태다. 하지만 날씨 정보를 받을 도시를 선택하려면 아마 사용자는 별도의 모드로 들어가야 할 것이다.

그림 1-17 순환의 사례. eBay에서 어떤 물건을 구매한 적이 있다면, 그 물건과 함께 표시되는 'Buy it now(지금 구매하기)' 버튼은 'Buy another(하나 더 구매하기)'로 바뀐다. (제공: Jason Seney, Little Big Details)

🐾 순환과 모드는 5장에서 다룬다.

디자인 철학으로서의 마이크로인터랙션

제품에 마이크로인터랙션을 부여하는 방법은 세 가지다. 첫째는 마이크로인터랙션을 그때그때 상황에 따라 고려하는 것이다. 디자인 업무를 수행하거나 제품을 개선하는 작업을 하면서, 마이크로인터랙션들을 눈에 띄는 대로 파악해서 나열하고, 각 마이크로인터랙션을 하나씩 다루면 된다. 하나하나의 마이크로인터랙션 구조를 이 책에서 규명한 대로 분석해 보고, 그 각각의 요소를 더 개선할 수 있을지 생각해 보자. 훌륭한 마이크로인터랙션을 만들어 내는 것은 물론이고, 어쩌면 **특징적인 경험**Signature Moments을 갖게 할 수도 있다.

특징적인 경험이란 어떤 제품을 다른 것과 구분 짓는 마이크로인터랙션을 말한다. 독특하게 만들어진 조작 트리거(예: 초창기 아이팟의 스크롤 휠), 자료를 로딩하고 있다는 것을 나타내는 우아한 애니메이션, 매력 있는 알림음(예: AOL 서비스에서의 "새 메일이 도착했습니다!You've Got Mail!" 음성[14]) 등은 해당 기능을 다른 종류의 기기에도 제공하거나 같은 회사에서 제공되는 다른 제품에도 동일하게 적용함으로써 마케팅에 활용할 수 있다. 특징적인 경험은 고객들이 브랜드를 인지하고 충성도를 높이는 데에 도움이 된다. 페이스북Facebook의 좋아요Like 버튼도 널리 알려져 페이스북 브랜드의 일부가 된 사례다.

위와 같은 업무 방식에서 겪는 어려움이라면 마이크로인터랙션의 범위를 제한하기가 힘들다는 점이다. 대부분의 디자이너는 익숙한 작업 방식을 따라 작업하다가 마이크로인터랙션을 기능으로 키워버리는 경향이 있다. 우리는 커다란 문제들을 다루고 그 모든 문제에 대한 해답을 내고자 한다. 마이크로인터랙션을 디자인하는 데는 일종의 제약이 있어서 가능한 한 적은 범위에서 가능한 한 큰 효과를 내야 한다. 그런 제한 조건을 포용하고 한 가지 일을 제대로 하는 데에 주의를 집

14 (옮긴이) America OnLine (AOL) 서비스는 웹이 널리 상용화되기 이전에는 미국에서 가장 큰 온라인 커뮤니티 서비스였으며, AOL에서 이메일 수신을 알리는 음성 알림음은 인터넷 통신의 상징으로 여겨지기도 했다. 대표적인 사례로는 AOL의 음성 알림음을 그대로 제목으로 사용한 영화 「유브 갓 메일(You've Got Mail)」이 있다. http://youtu.be/zn-ESQTt3L80

중하는 것이 중요하다. 마이크로인터랙션 디자이너는 미즈 반 데어 로에_{Mies van der Rohe}의 명언인 "적은 것이 더 많은 것이다_{Less is more}"를 자신의 좌우명으로 삼아야 한다.

　마이크로인터랙션을 고려하는 두 번째 접근 방법은 복잡한 서비스를 쪼개서 각각 하나의 마이크로인터랙션을 중심으로 하는 개별적인 제품의 집합으로 만드는 것이다. 이는 마이크로인터랙션을 제품 전략으로 삼는 접근 방법이다. 제품은 한 가지 기능만 제대로 제공하면 된다. 제품을 그 핵심에 이르도록 정제하는 것은 마치 불교에서 말하는 참선과 같다. 제품에 다른 기능을 넣으려는 생각이 들면, 그 기능은 별개의 제품으로 만들어야 한다. 초창기의 아이팟을 포함한 많은 가전기기, 앱, 기기들이 이 모델을 따르고 있으며, 인스타그램_{Instagram}에서 네스트_{Nest}에 이르기까지 수많은 신생업체들이 (최소한 창업 단계에서) 일하는 방식이기도 하다. 그저 한 가지 기능만 골라서 제대로 수행했던 것이다. 흔히 말하는 '최소 요건 제품_{MVP, Minimum Viable Product}' 자체가 하나의 마이크로인터랙션일 수도 있다. 이와 같은 접근 방식은 제품을 획기적으로 단순화할 명분과 이유를 제공하므로, 추후에 들어오는 기능 추가 요구를 거부할 수 있게 해준다. 물론 이런 방법은, 고객이 필요할지 아닐지 모르는 온갖 기능들을 하나의 제품에 모두 담아 판매하는 특성을 가진 기업에게는 적용하기 어렵다. 마이크로소프트 워드_{Microsoft Word}의 기능들을 각각 별개의 제품으로 나눈다고 한번 생각해 보라! 하지만 그게 바로 경쟁 제품들이 채용한 방식이다. 이를테면 WriteApp 같은 앱은 문서 편집 프로그램이 갖고 있는 대부분의 기능을 제외한 채 글을 적어 내려 가는 기능에만 최적화되어 작가가 글쓰기에 집중할 수 있도록 되어 있다. 에버노트_{Evernote}도 작성한 노트를 다양한 기기에서 접근할 수 있도록 하는 간단한 마이크로인터랙션에서 시작했다.

　마이크로인터랙션에 대해서 생각하는 세 번째 방법은, 극도로 복잡한 디지털 제품도 잘게 나누면 수십 개에서 수백 개의 마이크로인터랙션으로 만들어져 있다고 보는 것이다. 하나의 제품은 그 모든 마이크로인터랙션들이 조화를 이루며 함께 협력한 결과로 생각할 수 있다. 찰스 임스가 "디테일이 곧 디자인이다"라고 한 것도 이런 의미다. 모든 것은 디테일인 동시에 마이크로인터랙션이며, 사용자를 기분 좋게 하고 그 기대를 충족시킬 수 있는 기회가 된다. 디터 람스Dieter Rams는 다음과 같이 말하기도 했다.

> 나는 늘 디테일에 대해 각별한 애정을 가지고 있었다. 큰 밑그림보다 디테일이 더 중요하다고 생각한다. 디테일 없이는 아무것도 제대로 동작하지 않는다. 디테일은 필수적인 부분이며, 품질을 측정할 수 있는 기준이 된다.[15]

15 디터 람스가 1980년 리도 부세Rido Busse와 나눈 대화. 「Design: Dieter Rams &」을 통해 1981년 출간됨.

간단히 말해서, 모든 부분의 기능 즉 제품 전체를 마이크로인터랙션의 조합으로 생각하면 된다. 이런 관점에서 제품을 디자인하면 오늘날 많은 회사에서 채용하고 있는 애자일agile 개발 방법[16]과도 잘 맞아 떨어진다(그림 1-18 참조). 물론 이 방식의 단점은 마이크로인터랙션에 너무 몰입해서 전체 그림을 보지 못하고, 결국 프로젝트 막바지에 모든 세부항목들이 하나의 일관된 그림으로 맞아 떨어지지 않는 사태가 벌어질 수도 있다는 것이다. 또한 이런 식으로 일하다 보면 아무래도 시간과 노력이 추가로 들기 마련이다.

이는 또한 언제나 급박한 프로젝트 일정에 쫓기게 되는 디자인 전문업체의 경우에는 적용하기 어려운 방법이다. 클라이언트를 비롯한 관련자들이 모두 주요 기능에만 관심을 보이고 그 기능을 강화하거나 전체적인 경험을 개선할 수 있는 작은 세부사항에는 관심이 없다면, 솔직히 어떤 디자이너에게도 힘든 일이다. 사실 그 어떤 상황에서도, 마이크로인터랙션에 집중할 수 있는 시간을 충분히 갖는 것은 어려운 일

16 (옮긴이) 애자일 개발 방법은 대상 제품을 작은 단위 기능으로 나누어 짧은 단위 기간 동안 개발과 검증을 반복하는 것을 골자로 하는 개념이다. 개발할 제품의 모든 기능에 대한 세부적인 사양을 문서화하고 이를 바탕으로 개발해나가던 전통적인 접근 방식과 달리, 반복적인 주기를 통해 제한된 범위의 기능을 수행하는 프로토타입을 만들고 그때그때 필요한 요구를 더하고 수정하여 다음 개발 주기를 진행함으로써 전체 제품을 만들어간다. 애자일 개발 방법은 변화하는 환경과 요구에 유연하게 대처하면서도 프로젝트에 들어가는 비용과 납기일을 비교적 투명하게 예측하게 해주는 프로젝트 관리 개념이다.

그림 1-18 구글 지도Google Maps에는 표준 모드와 위성사진 모드가 있다. 둘 중 어느 한 모드를 선택했을 때 다른 모드로 바꾸어 주는 위젯widget은 현재 모드 뒤에 가려진 지도를 다른 모드로 바꾸어 보여 준다. (제공: Hugo Bouquard, Little Big Details)

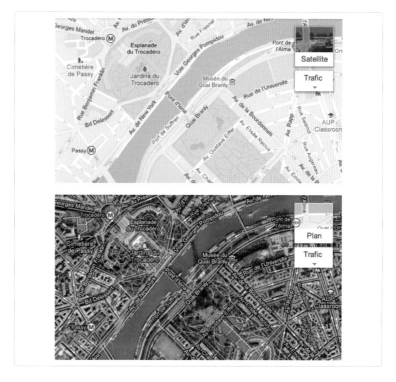

이다. 사업 팀과 개발 팀에게 마이크로인터랙션에 시간을 투자해야 한다고 설득하는 것도 하나의 도전이 될 수 있다. 이는 결국 디자인과 개발에 시간을 추가로 들어간다는 뜻이다. 하지만 마이크로인터랙션은 그럴 만한 가치가 있다.

고객 X의 끔찍한 이야기는 마이크로인터랙션이 중요하며, 사용자에게 당황스럽고 어려울 수 있는 기능을 쉽고 단순하게 만드는 것이 디자이너의 책임이라는 사실을 가르쳐 준다. 래리 테슬러도 문서 안의 내용을 옮기는 더 좋은 방법이 있을 거라고 생각했을 때 책임을 느끼고 있었고, 그렇기 때문에 복사해서 붙여넣기가 태어날 수 있었다. 마이크로인터랙션은 세상을 조금씩 더 나은 곳으로 만들 수 있다. 그리고 모든 마이크로인터랙션은 트리거로부터 시작한다.

요약

마이크로인터랙션은 우리를 둘러싸고 있는 작은 기능들이다. 그런 기능들에 관심을 기울임으로써 훨씬 나은 사용자 경험을 창조할 수 있다.

마이크로인터랙션의 역사는 전자 기기의 첫 등장에서부터 시작했다. 오늘날 디지털 기기에서 사용되는 많은 기본 기능들이 한때는 새로운 마이크로인터랙션이었다.

마이크로인터랙션은 네 가지 요소로 이루어져 있다. 마이크로인터랙션을 시작하는 트리거, 어떻게 동작할지를 결정하는 동작규칙, 그 규칙이 만들어 내는 피드백, 그리고 순환과 모드로 구성되는 상위 규칙이다.

마이크로인터랙션을 제품에 부여하는 데는 세 가지 방법이 있다. 마이크로인터랙션을 찾아내서 하나씩 다루는 방법, 복잡한 기능을 각각 하나의 핵심적인 마이크로인터랙션으로 축약하는 방법, 기능 전체를 서로 연결된 마이크로인터랙션들의 조합으로 다루는 방법이다.

2 트리거

1990년대, 뉴욕 지하철 공사는 뉴욕에서 버스와 지하철을 이용하는 7백만 승객들이 1904년부터 사용해 오던 회수권 대신 플라스틱으로 된 얇은 메트로 카드MetroCard로 요금을 내도록 바꾸는 프로젝트를 실시했다. 이 계획의 중요한 부분 중 하나는 승객들이 이 새로운 메트로 카드를 구입하고 충전할 수 있는 수백 대의 자동 판매기를 다섯 개 자치구 모두에 설치하는 작업이었는데, 이는 절대로 쉬운 일이 아니었다. 뉴욕시의 거주자는 8백만 명이며, 거기에 더해서 뉴욕시 부근 3개 주에 걸쳐 뉴욕시 근교에 사는 주민들도 천만 명에 달한다. 도시 설계 담당 부서의 2000년 보고서에 의하면, 뉴욕시 거주자의 36%는 외국 출신이었다. 2002년에는 심지어 영어로 되어 있지 않은 잡지와 신문이 40개나 있을 정도로 영어가 아닌 언어를 사용하는 사람이 많았다.[1] 시각 장애나 지체 장애를 겪고 있는 사람들, 학교 교육을 거의 받지 못했거나 아예 학교에 가보지 않은 사람들, 글을 읽을 줄 모르는 사람들도 수만 명이었다. 뉴욕시의 공식 안내서에 따르면 매년 뉴욕을 방문하는 사람은 3천5백만 명으로, 어떤 해에는 5천만 명에 달하기도 했다. 그 중 많은 수가 지하철을 타지만, 뉴욕 지하철에 익숙하거나 메트로 카드를

1 「Ethnic Press Booms In New York City」 Editor & Publisher, 2002.7.10

어떻게 구입하는지 아는 사람은 거의 없었다. 실제로 뉴욕 교통국에서 초창기 메트로 카드 자판기를 대상으로 수행한 연구에 따르면, 사용자들은 그 물리적인 형태에 겁을 집어 먹거나 사용자 인터페이스가 이해하기 어렵다고 생각하고 있었다.

마사미치 우다가와Masamichi Udagawa와 시지 뫼슬링거Sigi Moeslinger를 비롯한 안테나 디자인Antenna Design 팀이 이 과제를 해결하기 위해 메트로 카드 자판기를 디자인하는 업무를 맡게 됐다.

뫼슬링거에 따르면[2], 당시 팀은 대상 사용자들이 터치스크린이 달린 기기를 사용한 적이 있으리라는 선입견을 우선 떨쳐 버려야 했다. 1990년대 중반까지만 해도 터치스크린은 술집이나 패스트푸드 매장의 계산대에서나 찾아볼 수 있었기 때문에, 서비스 산업에 종사하는 사람이 아니라면 단 한 가지 예외(현금 인출기)를 제외하고는 터치스크린을 써볼 수 있는 경우가 거의 없었다. 디자이너는 기준을 가장 낮춰 잡더라도 대부분의 사람들이 현금 인출기를 써 본 경험은 있으리라고 생각했지만, 사실은 그렇지도 않은 것으로 드러났다. 당시 지하철 탑승자들의 어림잡아 절반은 은행 계좌가 없었고, 따라서 현금 인출 카드도 갖고 있지 않았다. 그런 사람들은 메트로 카드 자판기 같은 기계를 사용해 본 적이 전혀 없었을 것이다. "그 사람들한테는 터치스크린이라는 개념 자체가 완전히 생소했던 겁니다."라고 했던 뫼슬링거의 말대로 수백만 명의 사용자들이 이 새롭고 어색한 기계에 다가서서 써보도록 하는 것 자체만으로도 커다란 숙제였다.

안테나 디자인은 자판기의 모든 화면이 한 번에 한 가지 기능만 수행하도록 하기로 했다. 뫼슬링거의 말했듯이 "대화하듯이 화면마다 한 가지 질문만 하도록" 했던 것이다(다시 말해서, 모든 화면이 각각 하나의 마이크로인터랙션이었다). 뉴욕 교통국 내에서는 이런 접근 방법에 대해서, 카드를 구입하는 데 너무 많은 시간이 걸리지 않겠느냐는

2 이 프로젝트에 대한 이야기는 뫼슬링거가 2008년 Inter-action08 학회에서 발표했다.

우려의 소리가 있었다. 수백만 명이 사용하는 기기에서 카드 하나 사는 데 걸리는 시간이 몇 초라도 더 길어지면 승객들은 더 오래 줄을 서서 기다려야 하고, 그렇게 되면 불평의 소리가 높아질 것이라는 말이었다. 하지만 결과는 그와 반대로 나타났다. "사용 과정 중에 나타나는 화면의 개수를 줄이는 것보다, 화면마다 한번에 쉽게 이해할 수 있는 정보만을 제공함으로써 카드 구입 시간은 훨씬 단축됐다."

안테나 디자인은 두 가지 인터랙션 모델을 비교했다. 첫 번째 모델은 돈을 먼저 넣고 원하는 항목을 고르는 (음료 자판기와 같은) 방식이었으며, 두 번째 모델은 우선 원하는 항목을 고른 후에 돈을 지불하는 방식이었다. 사용자들은 두 번째 방식을 선호했지만, 어느 쪽이든 우선 터치스크린 기기를 처음으로 써보게 해야 한다는 문제는 남아 있었다.

해결 방법으로 제시된 것은, 전체 터치스크린을 하나의 커다란 트리거로 사용한 것이다(그림 2-1 참조). 1장에서 논의했듯이, 트리거는 마이크로인터랙션을 시작하는 물리적 혹은 디지털 조작 장치이거나 어떤 조건이다. 이 경우에는 거래가 완료되었거나 기계가 사용되는 중이 아닐 때에 나타나는 대기 화면이 '이곳을 터치하세요'라는 거대한 버튼이 됐다. 그림 2-1에서 볼 수 있듯이, 안테나 디자인은 사용자를 트리거로 유도하기 위한 내용을 제외하고는 모든 잡음을 배제했다. '시작Start'이라는 말이 3번, '터치Touch'라는 말은 2번 나온다. 손 그림은 시작 버튼을 가리키며 움직이지만, 사실 전체 스크린이 트리거다. 기기를 사용하려면 화면 아무 데나 터치하면 되는 것이다. 시작 버튼은 그저 사람들이 거래를 시작하려 할 때 그 버튼을 '누르는(사실은 탭하는)' 것을 유도하는 시각적 힌트이자 가짜 어포던스affordance일 뿐이다. 버튼이 트리거처럼 보이기는 하지만, 실제로는 화면 전체 아무 데나 누를 수 있다. 이 방식은 앞서 설명한 어려운 문제를 극복할

수 있게 해준 훌륭한 해결법이며, 수십 년이 지난 지금까지도 쓰이고
있다.

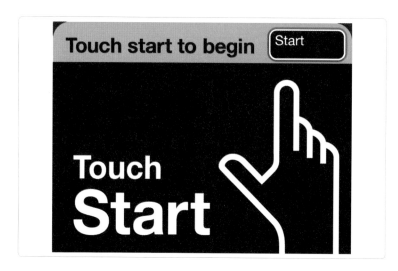

메트로 카드 자판기는 트리거의 첫 번째 원칙을 보여 준다. 대상 사용
자들이 해당 맥락에서 트리거를 트리거로 인지할 수 있도록 만들어야
한다. 버튼이나 스위치 같은 물리적인 조작 장치나, 메트로 카드 자판
기의 시작 버튼처럼 그런 물리적 장치를 흉내 낸 표시거나, 태스크 바
나 메뉴 바에 있는 아이콘 등이 그런 사례다. 트리거는 어떤 조작을 할
수 있는 것처럼 생겨야 하며, 눈에 확실하게 띄어야 한다. 커다랗고 움
직이는 밝은 색의 손가락으로 시작 버튼을 가리키는 것이 대부분의 마
이크로인터랙션에 적합한 어포던스는 아닐지 몰라도, 주어진 맥락에
서는 적절하고 대체로 성공적인 방법이었다.

수동 트리거

마이크로인터랙션은 어디에서 시작되는가? 사용자가 기기를 켜거나 앱을 실행할 때 제일 먼저 마이크로인터랙션을 만나게 되는 경우가 많다. 전원 스위치는 사용자들이 만나는 첫 번째 트리거다. 전원 스위치나 메트로 카드 시스템의 시작 버튼은 모두 수동 트리거의 사례다. (시스템에 의해서 자동으로 구동되는 트리거는 나중에 다루게 된다.)

수동 트리거는 보통 사용자가 원하거나 필요한 것에서 시작한다. "TV를 켜고 싶어." "휴대폰을 음소거 모드로 바꾸고 싶어." "이 문구를 이쪽에서 저쪽으로 옮기고 싶어." "메트로 카드를 구입하고 싶어." 전략적인 관점에서 볼 때, 무엇보다 중요한 것은 사용자가 원하거나 필요로 하는 게 무엇이고, 언제 그런 것이 필요하며, 어떤 상황에서 필요한지를 이해하는 것이다. 이런 내용을 통해서 수동 트리거가 언제 어디에서 나타나야 하는지를 결정하게 된다. 트리거는 전원 스위치와 같이 항상 쓸 수 있어야 하는 경우도 있고, 사용자가 특수한 모드에 들어가 있거나 애플리케이션의 특정 기능을 실행 중일 때와 같이 어떤 조건이 충족된 맥락에서만 나타날 수도 있다. 이를테면 마이크로소프트 오피스Microsoft Office에서 제공하는 '미니바minibar' 글꼴 꾸미기 메뉴는 사용자가 문구를 선택했을 때만 나타난다. 이런 사용자의 니즈는 일반적인 방법, 즉 디자인 연구(사용자 관찰, 인터뷰, 사용자 참여 활동)나 해당 분야에 대한 이해와 직관을 통해서 찾을 수 있다. 그렇지 않은 경우에는 좀 더 괴로운 방식으로, 즉 제품 평가나 제품이 출시되어 시장에 나간 후에나 알아채게 될 것이다. 중요한 점은 사용자의 니즈가 언제 어디서 발생하는지에 트리거의 등장을 일치시켜야 한다는 것이다. (40쪽에 나오는 '수동 트리거는 찾기 쉽게' 참조)

트리거의 두 번째 원칙은 사실 두말할 나위 없이 뻔한 내용으로, 같은 트리거는 언제나 똑같은 행동을 해야 한다는 것이다. 이는 사용자가 그 마이크로인터랙션의 동작 방식에 대해서 정확한 멘탈모델을 만들 수 있도록 해준다. 이 당연한 원칙이 지켜지지 않는 경우는 생각보다 많다. 기술 리뷰 전문가인 데이빗 포그David Pogue는 삼성의 안드로이드 제품에 탑재된 'S 노트' 앱에 대한 기사에서 다음과 같이 언급하기도 했다.

> S 노트에 적용된 아이콘 중 어떤 것은 탭할 때마다 이전과 다른 메뉴를 보여 준다. 거짓말 같지만 정말이다.[3]

3 「A Tablet Straining to Do It All」(뉴욕타임스, 2012년 8월 15일)

아이폰과 아이패드의 홈 버튼도 이 원칙이 지켜지지 않은 사례다. 홈 버튼을 누르면 첫 화면으로 갈 수 있고, 이미 첫 화면에 있을 경우에는 검색 화면으로 가게 된다[4](게다가 버튼을 두 번 연속으로 누르거나 누르고 있으면 또 다른 온갖 기능을 하게 된다. 5장 147쪽에 나오는 '용수철 모드와 일회성 모드' 참조). 홈 버튼에 여러 기능을 묶는 방식은 제한된 하드웨어를 활용하는 훌륭한 방법이기는 하지만, 첫 화면에서 홈 버튼을 눌렀을 때 그냥 그대로 있거나 "이 화면이 첫 화면인데?"라는 피드백을 주는 대신 굳이 검색 화면으로 가도록 한 것은 좀 지나친 기능일 수 있다.

4 (옮긴이) iOS 7 이후 버전에서는 일관성 없는 홈 버튼 기능이 개선되어, 홈 버튼은 언제나 첫 화면을 보여 주고 검색을 실행하려면 화면에서 손가락을 아래로 내리는 것으로 바뀌었다.

　아마도 가장 비효율적인 시각적 트리거는 드롭다운 메뉴에 들어 있는 선택 항목들일 것이다. 드롭다운 메뉴의 항목들, 즉 트리거는 사실상 감춰져 있어서 사용자가 자주 쓰는 마이크로인터랙션이 아니라면 찾아내는 데 많은 노력이 필요하다. 그 대신 자주 사용하지 않을 항목들을 위한 트리거를 하나 만들어서 화면에 표시하는 방법도 있지만, 이 역시 최선의 해법은 아니다. 이를테면 설정 메뉴 같은 경우가 바로 여기에 해당한다. 설정은 사용자가 자주 쓰지 않는 기능이지만, 어떤 경우에는 필수적인 기능일 수도 있다. 따라서 그런 트리거를 얼마나 눈에 띄게 표시해야 할지는 디자인에 있어서 중요한 과제가 된다.

정보를 앞당겨 표시하기

수동 트리거의 세 번째 원칙은 정보를 앞당겨 표시함으로써 트리거 자체가 마이크로인터랙션에 포함된 정보를 반영하도록 하는 것이다. 마이크로인터랙션 안에 내재된 상태 정보 중에서, 사용자가 직접 상호작용을 하기 전이나 마이크로인터랙션이 진행 중인 동안 보여 줄 수 있는 정보가 있나? 어떤 정보가 가장 유용한가? 이런 질문들에 답하려면 그 마이크로인터랙션을 쓰는 일반적인 목적은 물론, 마이크로인터랙션을 시작하기 전에 어떤 정보가 필요한지를 이해하고 있어야 한다. 이에 대한 간단한 사례로는 주식 정보 앱을 들 수 있다. 주식 정보 앱에서는 특정 주식이나 시장의 상황을 보통 색상이나 화살표로 표시하며, 사용자는 이를 바탕으로 마이크로인터랙션을 시작한지 말지를 결

그림 2-2 Gnome 시스템[5]의 바탕화면에서는 문서 파일을 그냥 정해진 아이콘으로 표시하는 대신, 문서 내용의 앞부분을 아이콘에 표시해 준다. (제공: Drazen Peric, Little Big Details)

5 (옮긴이) Gnome은 '노옴' 혹은 '그놈'이라고 읽는다. 유닉스Unix나 리눅스Linux 기반의 시스템에 적용할 수 있는 그래픽 사용자 인터페이스GUI의 일종으로, 완전한 오픈소스로 이루어져 있다.

정한다. 트리거 자체가 항상 어떤 정보를 제공하고 있으므로, 이를 사용하기 위해서 힐끗 보는 것만으로 필요한 정보를 얻게 되는 것이다(그림 2-2 참조).

트리거는 또한 그 제품이 일련의 절차 중 어떤 단계에 있는지를 알려 줄 수도 있다(그림 2-3 참조). 또한 어떤 절차에 걸리는 시간이 그절차를 시작하는 버튼(예: 토스터기의 '굽기' 버튼) 자체에 표시될 수도 있다.

트리거의 구성 요소

수동 트리거는 세 가지 구성 요소, 다시 말해서 조작부 자체, 조작의 상태, 문자나 아이콘으로 표시되는 레이블로 이루어져 있다.

조작부

수동 트리거의 경우, 항상 조작부를 포함하게 된다(그림 2-4 참조). 어떤 방식의 조작부를 선택하느냐에 따라 얼마나 많은 조작이 가능할지를 결정할 수 있다.

- 한 가지 동작(예: 빨리 감기)을 위해서는 그냥 버튼이나 간단한 동작이 적당하다. 경우에 따라 '버튼'이란 아이콘이나 메뉴 항목일 수도 있으며, 적용되는 동작은 탭, 밀기, 흔들기 등이 될 수 있다. 버튼은 키보드를 통한 입력이거나, 키보드 입력이 다른 입력과 조합된

형태가 될 수도 있다.

- 두 가지 상태를 갖는 동작(예: 켜기 및 끄기)의 경우에는 토글toggle 스위치를 사용하는 게 좋다. 토글 버튼을 적용할 수도 있긴 하지만, 토글 버튼은 그 버튼이 지금 어떤 상태인지, 버튼에 다른 상태가 있기는 한 건지 알기가 힘들다. 세 번째 (그리고 아마도 최악의) 방법은 보통 버튼을 사용하면서 누를 때마다 상태가 바뀌도록 하는 것이다. 이 방식을 사용하기로 한다면 선택된 상태를 아주 명확하게 표시해야 한다. 토글 버튼을 사용하기로 한다면, 조작 버튼의 상태를 아주 분명하게 나타내야 한다. 전등이 켜져 있는지 꺼져 있는지는 분명히 인지할 수 있기 때문에, 전등을 켜고 끄는 데에는 토글 버튼이 아닌 보통 버튼을 써도 충분하다.

- 여러 가지로 정의된 상태 중에서 선택하는 동작이라면 다이얼dial을 사용하는 방법이 있다. 다이얼은 회전시켰을 때 각 항목마다 걸려서 멈추게 되어 있으며, 동시에 눌리거나 당겨진 상태로도 조작할 수 있다. 다이얼 대신에 하나의 항목당 하나의 버튼을 대응시켜 여러 개의 버튼으로 적용하는 방법도 있다.

- 정의된 범위 안에서 연속적인 값을 조절해야 한다면(예: 음량 조절), 슬라이드 바나 다이얼(특히 빨리 돌릴 수 있는 조그 다이얼jog dial)이 가장 적합하다. 다른 방법으로는 (특히 정해진 범위가 없는 경우에는) 해당 값을 높이고 낮추는 버튼 두 개를 사용할 수도 있다.

- 어떤 수동 트리거는 여러 개의 조작부나 입력란(라디오 버튼, 체크 박스, 문자 입력 창 등)으로 만들어져 있다. 예를 들어 로그인과 같은 마이크로인터랙션은 사용자 이름과 비밀번호를 넣는 문자 입력 창을 갖고 있을 것이다. 이런 식의 접근은 신중하게 이루어져야 하며, 가능하다면 빈 양식으로 제공되기보다 이전에 입력된 내용이나 사려 깊게 준비된 기본값으로 미리 채워져 있어야 한다.

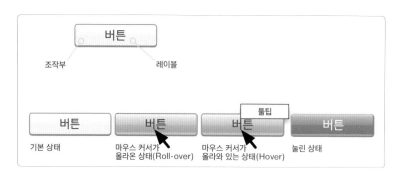

그림 2-4 조작부를 이루는 구성 요소의 사례

전통적인 버튼, 스위치, 다이얼로는 정의할 수 없는 특수한 조작부도 있다. 초창기 아이팟iPod에 적용되었던 터치 센서를 쓰지 않은 스크롤 휠scroll wheel이 한 가지 사례다. 이런 특수한 조작부는 그 마이크로인터랙션을 확실하게 부각시켜 주며, 그 제품의 **특징적인 경험**Signature Moment을 제공해 줄 수도 있다. 특징적인 경험은 동작이나 터치를 통한 조작이 될 수도 있다. (44쪽 '보이지 않는 트리거' 참조)

마이크로인터랙션의 목적은 선택을 최소화하고, 그 대신 사려 깊게 준비된 기본값과 극도로 제한된 개수의 선택 항목만을 제시하는 것이다. 트리거로 적용할 조작부는 이런 생각을 반영하여 선택해야 한다.

조작부는 시각적 어포던스affordance, 즉 사용자가 조작부를 보고 떠올리게 되는 조작의 방식과 긴밀하게 맺어져 있다. 트리거의 네 번째 원칙은 시각적 어포던스를 깨지 말라는 것이다. 버튼처럼 생긴 트리거라면, 버튼처럼 동작하여 사용자가 누를 수 있어야 한다.

수동 트리거는 찾기 쉽게

트리거를 디자인할 때 맨 처음 생각해 봐야 할 질문은 그 트리거가 얼마나 눈에 띄어야 하는가 하는 점이다. 트리거의 다섯 번째 원칙은 자주 사용하는 마이크로인터랙션의 트리거일수록 찾기 쉬워야 한다는 것이다. 이 책에서는 스콧 버쿤Scott Berkun이 말한 트리거의 발견 용이성에 대한 큰 원칙을 아래와 같이 차용하고자 한다.

- 대부분의 사람들이 가장 자주 사용하는 마이크로인터랙션은 확실하게 눈에 띄어야 한다.
- 일부 사람들이 꽤 자주 사용하는 마이크로인터랙션은 쉽게 찾을 수 있어야 한다.
- 소수의 사람들이 가끔씩만 사용하는 마이크로인터랙션은 따로 노력했을 때 찾아낼 수 있어야 한다.[6]

6 스콧 버쿤의 「The Myth of Discoverability(발견 용이성의 신화)」에서 인용

이 원칙은 디자인할 트리거가 얼마나 눈에 띄어야 하는지를 결정할 때 많은 도움이 될 것이다.

그런데 애초에 사람은 어떤 식으로 사물을 발견하게 되는 걸까?

사람들이 환경에 놓여 있는 어떤 사물을 알아채게 되는 데에는 두 가지 방법이 있다. 첫 번째 방법은 그 물건의 움직임이나 소리가 본능적으로 주의를 끄는 경우이다. 이렇게 자극에 반응하는 주의 집중 방식은 인류의 조상이 돌진해 오는 코뿔소나 환경 속의 다른 위험 요소들에 주의를 기울이면서 살아남는 데 도움이 됐다. 디자이너도 같은 방식을 활용하여 움직임이나 소리를 적용함으로써 사용자의 주의를 유도할 수 있다. 그런데 이런 방식은 특히 데스크톱이나 웹 환경에서는 매우 거슬릴 수 있다. 움직임이나 소리가 있으면 의지와 상관 없이 주의가 쏠리기 때문에, 그런 자극을 포함하는 것은 매우 중요한 마이크로인터랙션에 국한되어야 한다. 또한 그런 자극이 반복적으로 제시되는 것은 오류나 경고처럼 정말로 가장 중요한 마이크로인터랙션에만 적용되어야 한다.

사물에 주의를 기울이는 두 번째 방법은 무언가를 찾기 위해서 적극적으로 탐색하는, 목적지향적 상태에 있을 때다. 이 상태에서 모든 사물에 대한 우리의 관심은 오직 지금 필요로 하는 것을 찾을 수 있는지

여부에 몰두해 있다. 특별한 경우를 제외하면, 이런 관심은 대부분 시각 정보에 집중된다. 우리의 몸과 머리와 눈이 지금 찾고 있는 대상을 시각적으로 판별하는 데에 집중하는 것이다.

🐾 우리의 몸이 시각 자극보다 청각 자극에 보다 빨리 반응한다는 점은 알아둘 만하다. 시각적인 자극이 두뇌에 도달하는 데에는 20~40msec(msec는 1000분의 1초)가 걸리지만, 청각적인 자극은 8~14msec 밖에 걸리지 않는다.[7] 소리에 대한 반응 속도도 상대적으로 빨라서 시각적인 자극에 대해서는 180~200msec가 걸리지만 소리에 대해서는 140~160msec가 걸린다.[8] 이런 특징 또한 진화에 따른 것으로 볼 수 있다. 인간의 시야는 가로 180도, 세로 100도 가량으로 제한되어 있으나(어떤 종류의 도마뱀은 시야각이 360도라고 한다), 청각은 360도 방향에서 들리는 모든 소리를 들을 수 있다. 뒤쪽에서 다가오는 포식자는 보이지 않지만 소리는 들을 수는 있다. 따라서 이론적으로는 소리를 이용해서 특정한 트리거를 찾아내게 할 수 있지만, 대부분 이런 방식은 비현실적이다.

목적지향적인 상태에서 뭔가를 찾고 있는 동안 우리의 시야는 1도까지 좁아지는데[9], 이는 일상적인 시야의 100분의 1에 불과하다. 이렇게 시야가 좁아지는 것을 스포트라이트spotlight[10]나 줌 렌즈zoom lens[11]에 비유해서 설명하기도 한다. 이런 상태로 우리는 환경 속에서 각각의 물체를 구분해 내고 분류하는 물체 인식이라는 작업을 진행하게 된다.

물체 인식이 진행되는 동안, 우리의 눈은 익숙한 기하학적 형태 요소geon[12]를 찾는다. 기하학적 요소는 사물을 이루고 있는 네모, 세모, 입방체, 실린더 같이 단순한 형태로, 머릿속에서 조합되어 인식됨으로써 그 물건이 무엇인지를 파악하게 된다.[13]

기하학적 요소 이론을 고려한다면, 중요한 트리거를 기하학적으로 단순하게 만드는 게 좋다. 일반적으로 한 가지 특징을 가진 대상을 찾

7 W. H. Marshall, S. A. Talbot, H. W. Ades, 「Cortical response of the anaesthesized cat to gross photic and electrical afferent stimulation」, 『Journal of Neurophysiology』 제 6권 (1943) 1~15쪽

8 A.T. Welford, 「Choice reaction time: Basic concepts」 A.T. Welford 편저, 『Reaction Times』 (Academic Press, New York, 1980) 73~128쪽

9 C. Eriksen, J. Hoffman, 「Temporal and spatial characteristics of selective encoding from visual displays」 『Perception & Psychophysics』 제 12권 2호 (1972) 201~204쪽

10 앞 문헌과 동일

11 C. Eriksen, J. St James, 「Visual attention within and around the field of focal attention: A zoom lens model」『Perception & Psychophysics』 제 40권 제4호 (1986) 225~240쪽

12 (옮긴이) 지온geon은 기하학적 이온geometric ion이라는 표현을 축약한 심리학 용어로, 불필요한 재해석을 피하기 위해서 이 대목에서는 '기하학적 요소'라고 번역했다.

13 I. Biederman, 「Recognition-by-components: A theory of human image understanding」『Psychological Review』 제 94권 제2호 (1987) 115~147쪽

14 A. Treisman, 「Features and objects in visual processing」 『Scientific American』 제 255권 (1986) 114~125쪽

는 것이 여러 가지 특징이 조합된 대상을 찾는 것보다 쉽다.[14] 따라서, 디자인해야 할 트리거를 다른 아이콘들과 섞어서 제시해야 한다던가 비교적 복잡한 주변 환경에 놓아야 한다면, 시각적으로 단순하게 만드는 게 최선일 것이다.

일단 어떤 항목을 구분해 내면(예: '버튼'), 별다른 시각적 표시가 없는 한(예: 회색으로 흐릿하게 표시되어 있다든가 빨간 X자가 크게 표시되어 있다든가 하는 경우) 우리는 그 물건의 어포던스를 연상할 수 있다(예: '이 버튼은 누를 수 있겠군'). 수동 트리거의 여섯 번째 원칙은 잘못된 어포던스를 제시하지 않는 것이다. 버튼처럼 보이는 물건은 버튼처럼 행동해야 한다. 마이크로인터랙션에서는 인지적인 노력을 최소한으로 줄이는 것이 중요한 목표다. 사용자가 트리거를 보면서 그걸 어떻게 사용해야 하는지를 고민하게 만들면 안 된다. 가능한 한 표준 조작 방식을 활용하라. 찰스 임스가 말했듯이 "혁신은 최후의 선택"이다.

트리거를 그 유형에 따라 발견하기 쉬운 순서대로 나열하면 다음과 같다.

- 움직이는 물체 (예: 반복해서 움직이는 아이콘)
- 문자 이름이 붙어 있고 어포던스를 갖는 물체 (예: 레이블이 있는 버튼)
- 문자 이름이 붙어 있는 물체 (예: 레이블이 있는 아이콘)
- 물체 (예: 아이콘)
- 문자로 된 이름 (예: 메뉴 항목)
- 보이지 않는 트리거

보이지 않는 트리거

수동 트리거가 보이지 않는 경우도 있다. 사용자에게 마이크로인터랙션 트리거의 존재를 알리기 위한 이름이나 어포던스가 제공되지 않을 수도 있는 것이다. 보이지 않는 트리거는 터치스크린, 카메라, 마이크, 혹은 가속도계(그림 2-5) 같은 센서에 기반한 경우가 많다. 하지만 어떤 경우에는 단축키(그림 2-6)나 마우스 동작(이를테면 화면 구석에 마우스 커서를 갖다 대는 동작) 등이 보이지 않는 트리거가 된다.

그림 2-5 Tumblr 서비스의 아이폰 앱에서 버튼을 (누르는 대신) 왼쪽으로 미는 동작은 새 블로그 글을 작성하는 기능을 실행하는 보이지 않는 트리거다. 버튼을 위로 밀면 사진을 올리는 기능을 수행할 수 있다. (제공: Robin van't Slot, Little Big Details)

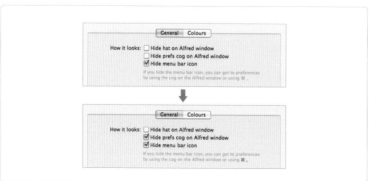

그림 2-6 Alfred의 설정 화면에서 시각적인 트리거를 감추면, 보이지 않는 트리거가 강조된다. (제공: Hans Petter Eikemo, Little Big Details)

오늘날 보이지 않는 조작 방식은 터치스크린 UI에서 가장 흔하게 찾을 수 있다. 많은 멀티터치 동작들은 그 존재를 알 수 있는 시각적 어포던스를 제공하지 않으며, 일상적인 탭과 밀기 동작을 제외한 특별한 동작들은 대부분 시행착오를 거쳐야만 찾아낼 수 있다(그림 2-7 참조).

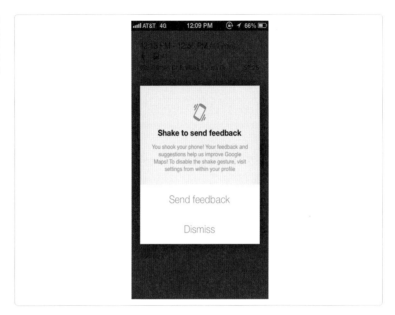

그림 2-7 iOS에서 구동하는 구글 지도에서는 기기를 흔드는 동작이 보이지 않는 트리거로, 서비스에 대한 의견을 보낼 수 있게 한다. (제공: Little Big Details)

보이지 않는 조작의 또 다른 사례는 음성 명령이다. 음성 명령에는 세 가지 종류가 있다.

- 항상 활성화되어 있는 경우

  제품의 마이크가 항상 켜 있어서, 사용자가 어떤 기능을 실행하기 위해서는 그저 아무 때나 원하는 명령을 (일반적으로 특정 키워드와 함께) 말하면 된다. 마이크로소프트 엑스박스Microsoft Xbox 시스템과 연동되는 키넥트Kinect가 이런 방식으로 움직이는데, 이를테면 언제든 "엑스박스, 음악 재생"이라고 말해서 작동시킬 수 있다.

- 대화 형식을 취하는 경우

  어떤 질문에 대한 사용자의 응답을 듣고자 할 때에만 제품의 마이크가 켜지는 방식(예: "계속해서 한국어로 진행하려면 '예'라고 말씀하세요"). 자동화된 고객 지원 콜센터의 인터페이스는 대부분 이런 방식으로 동작한다.

- 조작 장치와 조합된 경우

  음성 명령을 시작하기 위해서 먼저 물리적인 조작 장치를 구동해야 하는 방식. 애플Apple의 시리Siri가 이 방식으로 움직인다. 사용자가 음성 명령을 실행하기 위해서는 홈 버튼을 오래 눌러야 한다.

제품을 켜기 위해 손을 흔들거나 음악의 재생 순서를 바꾸기 위해서 흔드는 것과 같이, 동작을 통한 조작은 보이지 않는 경우가 많다. 음성 명령의 경우와 마찬가지로, 조작을 시작하기 위한 동작이 따로 있는 경우도 있고(예: 손 흔들기) 기기가 동작을 인식하게 하려면 먼저 물리적 조작 장치를 사용해야 하는 경우도 있다. 구글 글래스Google Glass는 고개를 위로 들거나 안경테의 옆면을 건드리면 화면이 켜진다. 화장실에서 수도꼭지 아래에 손을 대면 물이 나오는 것처럼, 기기를 건드리거나 가까이 다가가는 것도 보이지 않는 트리거가 될 수 있다. 이와 마찬가지로, 화장실에서 사람이 떠났을 때 자동으로 물이 내려지는 것처럼 물건으로부터 멀어지는 것 또한 트리거가 될 수 있다.

도대체 왜 보이지 않는 트리거를 사용하는 경우가 생기는 걸까? 사실, 무슨 인터페이스든 간에 모든 항목을 바로 눈에 띄게 배치할 수는 없는 일이다. 모든 항목이 각각 눈에 띄도록 화면에 표시하려고 하면, 결국 그 화면은 엄청나게 어수선하고 복잡해져서 정작 사용자가 원하는 항목을 찾기 힘들어지는 경우가 많다. 일부 항목들을 숨기면, 기능을 포기하지 않으면서도 화면 혹은 제품을 시각적으로 단순하게 만들 수 있다(그림 2-8 참조). 보이지 않는 트리거는 겉으로 보이는 부분을 강조하고 중요한 기능과 그렇지 않은 기능을 구분할 수 있게 해준다. 하지만 (다른 모든 종류의 인터랙션 디자인의 경우와 마찬가지로) 무작정 화면 요소들을 감추는 게 마이크로인터랙션 디자인의 목적이 되어서는 안 되며, 마이크로인터랙션은 사용자의 맥락과 주어진 기술을 바탕으로 자연스럽게 일어나야 한다. 해당 상황에서는 어떤 항목을 표시하지 않는 편이 나을까? 또는 주어진 기술로는 시각적 조작 장치를 표시할 곳이 없을 때 무엇을 숨길 수 있을까? 최선의 마이크로인터랙션은 딱 적당한 만큼의 인터페이스만을 결코 지나침 없이 제공하는 것이다.

그림 2-8 Akismet은 보이지 않는 트리거의 훌륭한 사례를 보여 준다. 웹사이트의 로고를 마우스 오른쪽 버튼으로 (아마도 저장하기 위해서) 클릭하면, Akismet은 여러 가지 크기의 로고 그림들을 제공하는 창을 띄워 준다. (제공: Fabian Beiner)

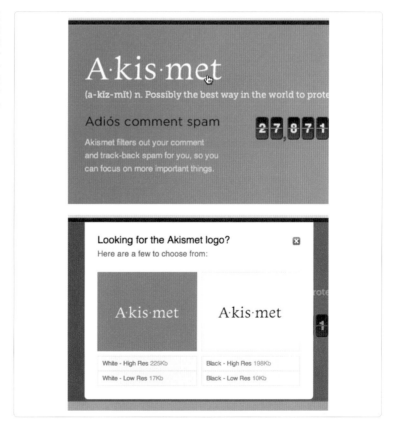

보이지 않는 트리거는 사용자가 그 존재와 사용 방법을 학습할 수 있어야 한다. 사용자가 그 트리거를 (우연히 발견하든, 다른 사람에게 들었든, 도움말을 통해서든) 일단 발견하게 되면, 다시 그 마이크로인터랙션을 찾아 실행하는 것은 사용자의 불완전한 기억에 전적으로 의존하게 된다. 사용자가 보이지 않는 트리거를 기억할 수 있다는 것은 언제든지 그 트리거에 접근할 수 있거나, 아니면 어떤 조건이 갖춰졌을 때 동작한다는 것을 알고 있다는 것이다(그림 2-9 참조). 보이지 않는 트리거는 사람들이 짐작할 수 있어야 하며, (이상적으로는) 사용자가 다른 행동을 하는 중에 우연히 찾아낼 수 있어야 한다. 예를 들어, 목록의 맨 위에 도달했을 때 그 목록을 아래로 좀 더 내리려고 하면, 내용을 갱신하는 마이크로인터랙션이 실행될 수 있다.

그림 2-9 KanaSwirl의 설정 화면에서는 보이지 않는 트리거인 '흔들어 일시 정지|Shake to Pause' 기능을 비활성화시킬 수 있다. (제공: Shawn M. Moore, Little Big Details)

화면이 없다거나 구글 글래스Google Glass처럼 물리적인 조작 장치를 배치할 공간이 없는 경우를 제외하고는, 중요한 마이크로인터랙션에 보이지 않는 트리거를 적용하면 안 된다. 최소한, 마이크로인터랙션을 눈으로 찾아낼 수 있는 트리거로 만들기 위한 노력을 해야 한다. 클릭해야 찾을 수 있는 서브메뉴 항목이나 트리거 옆에 표시된 단축키가 여기에 해당한다.

조작 장치의 상태

수동 트리거 중에는 여러 가지 상태를 포함하는 경우가 있다. 트리거를 디자인할 때는 아래와 같은 상태들을 고려해야 하는데, 대부분의 경우 이런 상태를 전부 다 포함하지는 않는다.

- 기본 상태
  아무 활동이 없을 때의 평소 상태
- 동작 중 상태
  뒤에서 뭔가 동작이 진행되고 있다면(예: 업데이트, 동기화 등) 트리거에 그 상황을 표시할 수 있다.
- 호버Hover 상태
  트리거에 대한 추가 설명을 툴팁tooltip 형태로 제공하거나, 트리거의 크기를 키워서 더 많은 조작부나 입력 양식을 보여 주거나, 단순히 그 항목을 클릭할 수 있다는 점을 알려 주기 위해서 사용하는 상태다. 무엇보다, 호버 상태는 마이크로인터랙션 내부에 담겨 있는 데이터를 표시하는 데 유용하게 사용할 수 있다(그림 2-10 참조). 이를테면, 날씨를 알려 주는 앱을 실행하는 아이콘 위에 마우스 커서를 올렸을 때, 오늘의 날씨를 표시해서 굳이 앱을 실행시키지 않아도 알 수 있게 할 수 있다. 바로 정보를 앞당겨 표시하는 것이다.

그림 2-10 음악 플레이어인 Rdio에서 이전 혹은 다음 버튼의 호버 상태는 지금 듣고 있는 곡을 기준으로 앞뒤 곡의 제목을 보여 준다.

- 롤오버Rollover 상태

  어떤 상태나 활동을 표시하거나, 마우스 커서가 클릭할 수 있는 위치에 제대로 있다는 것을 알려 주기 위해서 쓰인다(그림 2-11 참조).

그림 2-11 유튜브YouTube에서는 로그인하지 않은 상태에서 마우스를 댓글 창에 올리면, 로그인하거나 회원 등록을 하도록 유도하는 내용이 표시된다. (제공: Marian Buhnici, Little Big Details)

- 클릭/탭/진행 중 상태

  트리거를 눌렀을 때나 움직이기 시작할 때 나타나는 상태. 이 상태에서 트리거는 사라지거나, 열리거나, 색이 바뀌거나, 마이크로인터랙션이 준비되는 동안 진행 상황을 표시하는 데 쓰일 수 있다(그림 2-12, 그림 2-13 참조). 또 다른 접근으로는 트리거가 바로 마이크로인터랙션을 실행하는 게 아니라 다른 조작부를 나타내기 위해 확장하는 방법인데, 이를테면 저장 버튼을 클릭했을 때 기존 파일을 덮어쓸지 다른 파일로 저장할지를 물어보는 창을 여는 경우가 여기에 해당한다.

그림 2-12 Path의 회원 가입 버튼은 사용자가 클릭했을 때 웃어 준다. (제공: Little Big Details)

그림 2-13 CloudApp에서 로그인Log In 버튼을 누르고 나면, 사용자에게 뭔가 기능이 수행되고 있다는 것을 알려 준다. (제공: Little Big Details)

- 토글Toggle 상태

    스위치나 버튼이 현재의 설정(좌/우, 상/하, 눌림/보통 등)을 보여 줄 수 있다. 물리적인 장치의 경우 스위치는 한눈에 그 상태를 알기 쉬운 반면에 버튼은 그 버튼이 눌려 있으면 불이 켜지는 LED 같은 표시장치를 동반해야 한다.

- 설정Setting 상태

    다이얼, 스위치, 슬라이드 바 등은 지금 그 마이크로인터랙션이 어떤 설정 혹은 상태에 있는지를 보여 줄 수 있다(그림 2-14 참조).

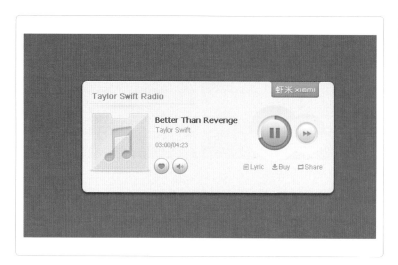

레이블

트리거에 따라 레이블이 중요한 경우가 있다. 레이블은 전체 마이크로 인터랙션에 대한 이름일 수도 있고(예: 메뉴 항목의 이름) 상태 표시일 수도 있다(예: 다이얼의 각 단계에 적힌 이름). 레이블은 그 자체로 사용자 인터페이스라고 할 수 있다.

레이블의 목적은 기능을 명확하게 하는 데 있다. 지금 실행하려는 기능이 내가 실행하고 싶어 하는 기능인가? 레이블은 동작에 이름을 부여하고 애매모호할 수 있는 개념을 쉽게 이해할 수 있게 해준다. 하지만 레이블을 추가한다는 것은 결국 사용자가 눈으로 보고 파악해야 하는 항목이 하나 더 늘어난다는 것이므로, 레이블은 기능이 모호한 경우에만 제공하는 게 좋다. 더 나은 방법은 애당초 그런 애매모호함이 생기지 않도록 조작부를 디자인하는 것이다(그림 2-15 참조).

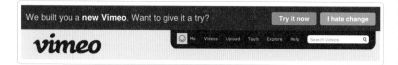

수동 트리거의 일곱 번째 원칙은 트리거 자체만으로 제공할 수 없는 정보를 제공해야 할 경우에만 레이블을 추가하라는 것이다. 레이블을 문자로 표시하는 대신, 시각적으로 표현할 수 있는 방법을 찾아보자. 별을 하나에서 다섯 개까지 표시해서 점수를 매기는 시스템을 생각해 보자. 1부터 5까지 숫자가 적혀 있는 슬라이드 바를 디자인할 수도 있겠지만, 그냥 마우스 커서를 올리는 대로 하나씩 불이 들어오는 별 다섯 개를 트리거로 삼을 수도 있다.

이런 접근 방식은 경우에 따라 불가능하거나 부적당할 수도 있다. 어떤 버튼에 레이블이 없다는 사실은 주변의 다른 버튼과 구분되지 않는다는 것이고, 사용자로선 그 버튼을 누를 이유가 없다는 의미다.

제품상에 나타나는 다른 종류의 문구, 즉 사용 설명이나 홍보 문구와 달리, 마이크로인터랙션의 레이블을 브랜드 정책을 반영해야 할 대상으로 여기는 일은 별로 없다. 레이블에 쓰이는 문구는 의미를 명확하기 전달하기 위하여 기능주의를 따른다(그림 2-16, 그림 2-17 참조). 그렇다고 해서 번뜩이는 아이디어나 개성이 끼어들 여지가 없다는 건 아니지만, 무엇보다 레이블의 내용이 명확해야 한다는 것이다. 구글의 "I'm Feeling Lucky" 버튼 레이블은 재미있을지 모르지만 그 버튼을 눌렀을 때 무슨 일이 벌어질지에 대해서는 전혀 말해 주지 않는다. 실제로 기능이 실행되기 이전에 어떤 기능이 실행될지를 미리 알려 주는 선행 정보feedforward[15]가 없는 것이다.

15 선행 정보에 대한 상세한 내용은 Tom Djajadiningrat, Kees Overbeeke, Stephan Wensveen가 발표한 논문 「But how, Donald, tell us how?: On the creation of meaning in interaction design through feedforward and inherent feedback」에서 찾아볼 수 있다. 「The 4th conference on Designing interactive systems: processes, practices, methods, and techniques」(ACM, New York, NY, USA, 2002)

그림 2-16 반즈 앤 노블Barnes & Noble의 웹사이트는 비밀번호에서 대소문자를 구분한다는 사실을 시각적으로 표시한다. (제공:Paul Clip, Little Big Details)

Returning Customers

EMAIL ADDRESS:

Update email address

PASSWORD:
(cAsE sEnSiTIVe)

Forgot password?

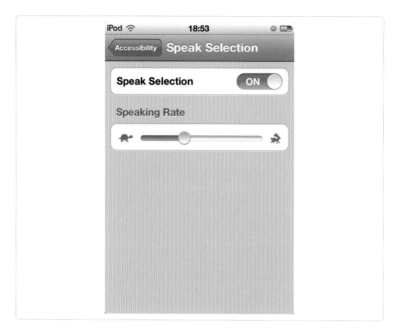

그림 2-17 애플Apple iOS에
서 말하기 설정은 '토끼와 거북
이' 우화를 차용해서 다소 엉뚱
하지만 명확한 아이콘 레이블
을 보여 준다. 그렇지만 이 이
야기가 널리 알려지지 않은 문
화권에서는 이런 접근이 혼란
을 줄 수도 있다. (제공: Victor
Boaretto, Little Big Details)

일반적으로, 레이블은 짧으면서도 설명적이어야 하며, 명료한 말로 쓰
여 있어야 한다(그림 2-18 참조). 이를테면 '제출'이라는 버튼 레이블은
짧을지 몰라도, 사용자가 그 버튼을 클릭할 때 어떤 기능을 실행하게
될지를 구체적으로 설명하지 않는다. 마이크로인터랙션에서는 명쾌
함이 중요하다. 레이블을 잘 작성하기 위해서는 무엇보다 모호하지 않
게 작성해야 한다(이 주제에 대해서 더 알고 싶다면, 3장 98쪽 마이크
로카피 항목을 확인하라).

일관성 역시 중요하다. 레이블은 그 항목의 이름이 되기도 하기 때
문에 마이크로인터랙션, 상태, 설정, 정보 등 어떤 항목에 레이블을 붙
이든 전체 마이크로인터랙션에 걸쳐 같은 이름을 써야 한다. 같은 항
목을 마이크로인터랙션의 어떤 대목에서는 '주의'라고 부르다가 다른
대목에서는 '경고'라고 부르는 식이 되면 곤란하다.

좋은 레이블을 만드는 최선의 방법은 그 레이블을 사용할 사람들이

그림 2-18 아이폰의 '밀어서 잠금 해제' 레이블은 사용자가 미는 동작을 시작하면 사라진 다. (제공: Little Big Details)

쓰는 어휘로 작성하는 것이다. 레이블에 기술적인 용어를 사용하고 있다면, 그 사용자도 기술 전문가이어야 한다. 그렇지 않은 경우에는 일상적으로 쓰이는 언어로 레이블을 작성해야 한다. 그러고 나면, 해당 사용자들을 대상으로 레이블을 평가해야 한다(부록 A 참조). 대부분의 사용성 문제는 잘못 붙인 레이블 때문이거나 레이블이 아예 없기 때문에 생긴다고 해도 과언이 아니다.

시스템 트리거

모든 트리거가 사용자에 의해 직접 수동으로 실행되는 건 아니다. 사실, 오늘날 우리는 대부분의 트리거가 사람에 의해서 실행되지 않는 시대에 살고 있다고 해야 할 것이다. 시스템 트리거는 그림 2-19나 그림 2-20에서 보는 것과 같이 사용자의 의식적인 조정 없이 어떤 조건이 갖춰졌을 때 실행된다.

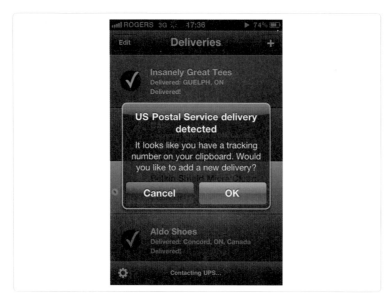

트리거를 실행시키는 조건으로는 아래와 같은 경우를 흔히 볼 수 있다.

- 오류 상황

  시스템이 오류 상황을 만나면, 대부분의 경우 마이크로인터랙션을 통해 그 문제를 사용자에게 알려 주고 원하는 행동을 물어보거나 뜻밖의 상황이 벌어졌다는 것을 단순히 통보하게 된다(그림 2-21 참조).
- 위치 정보

  위치 정보는 특정한 국가, 도시, 지역, 혹은 실내 공간에서의 특정한

그림 2-21 윈도우 폰에서 문자 메시지를 보내는 데 실패하면, 메시지 아이콘(트리거)가 슬픈 얼굴로 바뀐다. (제공: Wojtek Siudzinski, Little Big Details)

위치 등 여러 가지 수준으로 다룰 수 있다. 사용자가 정의된 영역 안으로 들어가게 되면, 마이크로인터랙션이 시작되는 것이다.

- 수신된 정보

  네트워크에 연결된 기기와 앱에 들어오는 이메일, 상태 메시지, 소프트웨어 업데이트, 날씨, 주변 밝기 등 온갖 정보도 '새 메일이 도착했습니다' 알림과 같은 마이크로인터랙션을 시작하는 트리거가 될 수 있다.

- 내부 정보

  시간이나 시스템 자원 같이 시스템 내부에서 발생하는 정보도 트리거가 될 수 있다(그림 2-22 참조). 이에 대한 사례로는 밤이 되면 화면이 어두워지는 기능이 있다.

- 다른 마이크로인터랙션

  시스템 트리거의 특수한 유형으로서, 한 마이크로인터랙션이 다른

그림 2-22 우분투Ubuntu 시스템에서는 사용자 PC를 오랫동안 쓰지 않아 화면이 잠기면, 다른 사람이 그 기기의 주인에게 메시지를 남길 수 있는 트리거가 추가로 나타난다. (제공: Herman Koos Scheele, Little Big Details)

Password: USA

Leave Message   Switch User   Cancel   Unlock

마이크로인터랙션의 트리거가 되는 경우가 있다. 단순한 사례는 마법사_wizard 형식의 사용자 인터페이스를 들 수 있는데, 첫 단계의 마이크로인터랙션이 끝나는 것이 두 번째 단계의 마이크로인터랙션을 실행하는 트리거가 되는 식으로 진행되는 것이다(6장 183쪽에 나오는 '여러 마이크로인터랙션 조합하기' 참조).

- **다른 사람**

  많은 소셜 인터랙션의 경우, 다른 사람의 활동(예: 채팅에서의 답변, 새로 등록한 사진이나 글, 친구 초대 등)도 트리거가 될 수 있다.

이런 트리거들은 사용자가 직접 실행할 수 있는 내용은 아니지만, 그런 트리거를 조절할 수 있는 방법, 이를테면 설정 기능 정도는 제공하는 게 좋다. 모든 시스템 구동 트리거에는 이를 수동으로 관리하거나 비활성화시킬 수 있는 방법이 있어야 한다. 그런 방법은 이상적으로는 그 마이크로인터랙션이 실행되는 순간에 제공되거나(예: '이 알림 메시지를 더 이상 보지 않음'), 최소한 사용자가 별도의 설정 영역에 들어갔을 때 찾을 수 있어야 한다.

경우에 따라, 사용자가 시스템 트리거에 대한 수동 조작부를 원하는 경우도 있을 수 있다(그림 2-23 참조). 이를테면 문서가 자동으로 동기화되기를 기다리기보다 사용자가 직접 동기화 명령을 내리고 싶어 하는 경우가 여기에 해당한다. 수동 조작부는 사용상의 확신을 줄 뿐만 아니라, 시스템에 뭔가 문제가 있을 경우(예: 네트워크가 잠깐 끊겼거나 센서 입력에 문제가 있는 경우) 마이크로인터랙션을 시작할 수 있는 방법을 제공해 준다.

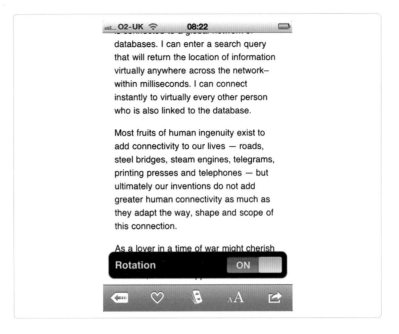

그림 2-23 아이폰에서 구동되는 Instapaper 앱에서는 사용자가 실수로 휴대폰을 가로나 세로로 회전시켰다가 얼른 돌아오는 동작을 감지하면, 회전 잠금 설정이 표시된다. (제공: Richard Harrison, Little Big Details)

시스템 트리거의 동작규칙

시스템 자체도 나름의 규칙이 필요한 경우가 있다. 가장 흔한 규칙은 언제 어떻게 마이크로인터랙션을 시작하느냐는 점이다(그림 2-24 참조). 이런 고려는 주로 어떤 제품이 계속해서 네트워크 서버에 접속하거나 센서로부터 데이터를 읽어 들이기 위해서 필요한 배터리 수명, 네트워크의 대역폭, 연산장치의 속도 등 시스템 자원에 의해서 결정된다.

시스템 트리거의 규칙은 다음 질문들에 대한 답을 제시해야 한다.

- 트리거가 얼마나 자주 구동되어야 하는가?
- 사용자에 대해서 알려진 정보에는 어떤 게 있으며, 그런 정보를 이용하면 트리거를 보다 효율적이고, 사용자가 쓰기 즐겁고, 자신에게 맞춰 조정할 수 있는가? 예를 들어, 한밤중에는 시스템 트리거가 구동되는 횟수를 줄일 수 있을 것이다. (여기에 대해서는 81쪽에 있

는 3장 '백지에서 시작하지 말 것'을 통해 보다 많은 내용을 다루게 된다.)

- 트리거가 구동되었다는 것을 알려 주는 표시가 있는가? 트리거가 구동될 때, 혹은 구동된 다음에 이를 시각적으로 확인할 수 있는 상태 변화가 있는가? 트리거가 구동되려고 하는 순간에는 어떤 일이 일어나는가?

- 시스템 오류(예: 네트워크 연결 끊임, 필요한 데이터 없음)가 있을 때는 어떻게 해야 하나? 그대로 포기해야 할까 아니면 다시 시도해야 할까? 다시 시작하는 경우에는 얼마나 기다렸다가 다시 시도해야 하는가? (순환에 대해서는 5장에서 더욱 상세하게 다룬다.)

시스템 트리거의 규칙은 전반적인 동작규칙과 밀접하게 연관되어 있으며, 이에 대해서는 다음 3장에서 다루게 된다.

그림 2-24 네비게이션 앱 Waze는 저녁에 앱을 실행하면 귀갓길이라고 유추하고, 우선 사용자의 집을 목적지로 제시한다.

메트로 카드 자판기의 시작 화면에서 본 것과 같이, 최고의 트리거는
그 제품을 사용할 맥락과 사람에 부합해야 한다. 트리거의 조작부는
사용자에게 필요한 상태 정보를 보여 주어야 하며, 사용 빈도가 높을
수록 눈에 잘 띄어야 한다. 하지만 트리거에게 있어서 가장 중요한 역
할은 사용자를 실제 상호작용, 즉 동작규칙으로 이끈다는 것이다.

요약

트리거는 마이크로인터랙션을 시작하는 장치다. 사용자 트리거는 직
접 수동으로 조작되며, 조작 장치, 아이콘, 양식, 혹은 음성/터치/동작
명령이 사용될 수 있다. 시스템 트리거는 특정 조건들이 충족되면 자
동으로 구동된다.

트리거는 사용자가 해당 맥락에서 트리거로 인식할 수 있게 디자인
되어야 한다. 또한 같은 트리거는 항상 같은 동작을 수행해야 한다.

정보를 앞당겨 보여 주는 것도 좋다. 가능하다면, 읽지 않은 메시지
나 진행 중인 작업처럼 마이크로인터랙션 내부에 담긴 핵심적인 정보
를 트리거에 표시하라.

트리거가 버튼처럼 생겼다면, 버튼처럼 동작해야 한다. 시각적인 어
포던스를 깨면 안 된다.

자주 사용하는 마이크로인터랙션일수록 더 눈에 띄어야 한다. 트리
거를 메뉴에 넣는 것은 가장 눈에 띄지 않게 만드는 방법이다.

트리거만으로는 필요한 모든 정보를 전달할 수 없기 때문에, 보다
명확한 의미를 전달할 필요가 있을 때에는 레이블을 추가하라. 레이블
은 명확한 언어로 간략하게 작성되어야 한다.

시스템 트리거도 실행 시기와 빈도를 정의하려면 동작규칙이 필요
하다.

동작규칙

애플~Apple~은 2010년 10월 'Back to the Mac' 행사에서 새로운 버전의 데스크톱 운영체제인 Mac OS X Lion(10.7 버전)을 발표했고, 9개월 후인 2011년 7월 이 제품을 출시했다. 이 제품은 발매 첫날 백만 개가 팔렸으며, 이후 6백만 개가 넘게 판매됐다. 이 제품에서 애플은 새로운 버전의 일정, 메일, 주소록 앱을 선보였는데, 그중 애플이 불필요하다고 여겨서 삭제한 하나의 마이크로인터랙션이 많은 주목을 받았다. 그 마이크로인터랙션은 바로 '다른 이름으로 저장하기'다.

1980년 초기 제록스 스타~Xerox Star~에서는 '저장~Save~' 기능을 '저장하고 치워두기~Save and Put Away~'라고 불렀으며, 애플 리사~Apple Lisa~에서는 '저장하고 치워두기'와 '저장하고 계속하기~Save and Continue~'를 함께 제공했다(여기서 '치워두기'는 요즘 말하는 '닫기'라는 뜻이다). '저장하고 계속하기'는 결국 '저장' 기능이 됐고, 컴퓨터의 메모리 용량이 커지고 프로세서에 무리를 주지 않고도 여러 개의 문서를 열 수 있게 되면서 '저장하고 치워두기'는 사라져버렸다. 앞에서 언급한 '다른 이름으로 저장~Save As~'은 1980년대에 처음 등장했는데, 열려 있는 문서의 새로운 버전을 따로 이름을 지정하지 않고 저장할 수 있는 기능인 '복사본으로 저장~Save~

a Copy as'에서 파생된 것으로 보인다. 어떤 애플리케이션은 결국 세 가지 마이크로인터랙션(저장, 다른 이름으로 저장, 복사본으로 저장)을 모두 제공하기도 했다. 시간이 지나면서 사람들은 '다른 이름으로 저장'이라는 개념을 이해했고, 더욱이 취소Undo 기능이 널리 적용되면서 '복사본으로 저장'은 거의 다 사라져버렸다.

'다른 이름으로 저장' 마이크로인터랙션은 애플이 이를 없애려고 하기 전까지 30년간 아래와 같은 동작규칙을 따르면서 상당히 안정적으로 유지되어 왔다.

- 파일 내용을 변경한다.
- 파일을 새 이름으로 저장한다.
- 이후에 변경되는 내용은 새로 만들어진 파일에 적용된다. 원래의 파일은 이전에 저장된 대로 유지된다.

애플은 Mac OS X Lion 버전에서 파일을 '자동으로 저장Autosave'하고 언제든 이전 버전으로 되돌릴 수 있도록 하면서 '다른 이름으로 저장'이 더 이상 필요없다고 판단했던 것으로 보인다. 저장 기능에 대한 Lion 버전에서의 동작규칙은 다음과 같다.

- 파일 내용을 변경한다.
- 변경된 내용은 매 5분마다 자동으로 저장된다.
- 이후에 변경되는 내용은 그 파일의 가장 최신 버전에 적용된다.
- '이전 버전으로 복구Revert to Last' 기능을 통해서 파일을 이전 버전으로 되돌릴 수 있다.
- '모든 버전 탐색Browse All Versions' 기능을 이용하면 또 다른 마이크로인터랙션인 버전 탐색기를 시작하게 된다.

- 파일은 2주 후에 잠기며, 일단 잠긴 파일은 우선 열거나 복제하기 전에는 내용을 변경할 수 없다.

파일의 복사본을 따로 만들고 싶은 경우, 사용자는 완전히 별개의 마이크로인터랙션인 '복제Duplicate' 기능을 수행해야 한다.

- 똑같은 파일을 하나 더 만들기 위해서 복제 명령을 사용한다.
- 새로운 파일이 기존 파일 옆에 나타난다.
- 새로 복제된 파일의 이름을 바꾼다.
- 이후에 변경되는 내용은 새로 만들어진 파일에 적용된다. 원래의 파일은 이전에 (자동으로) 저장된 대로 유지된다.

위와 같은 새로운 동작규칙은 이전의 동작규칙과 비교했을 때 거의 반대라고 볼 수 있다. 사용자는 어떤 파일의 내용을 변경하기 이전에, 기존의 파일에서 작업할지 새로 파일을 만들어서 작업할지를 먼저 정해야 한다. 불행히도 이런 방식은 대부분의 사람들이 하는 작업 방식과는 다르다(정확히 말하자면, 우리가 지난 30년간 배운 방법과 다르다). 이 변화는 널리 쓰이고 있는 멘탈모델을 더 나은 마이크로인터랙션으로 교체하는 대신, 이를 망가뜨려 대부분의 사용자들이 일하는 방식과 다르고 이해하기도 어려운 두 개의 마이크로인터랙션으로 바꿔버렸다. 대부분의 경우 사람들은 편집하고 있는 파일과 그 이전 버전을 함께 확인할 필요가 없다. 버전을 관리하는 것은 프로그래머의 작업 방식이고, 보통 사람들의 접근 방식과 다르다. 사용자가 어떤 문서의 이전 버전을 보고 싶은 경우가 가끔 있다면, 따로 열어서 확인하면 될 것이다.

이런 변화에 대한 사람들의 반응은 혼란스러움에서 노골적인 분노

로 바뀌었다. 인기 많은 매킨토시 블로그 운영자인 피에르 이고Pierre Igot
는 "문서 편집 애플리케이션에서 다른 이름으로 저장하기를 없앤 것은
내가 보기엔 완전히 바보 같은 생각이다. 그건 새 파일을 만드는 아주
일상적인, 즉 기존 파일을 열어서 새로운 이름으로 저장하는 방식을
망쳐버렸다."[1]라고 말했다. 웹 개발자인 크리스 시플레Chris Shiflett도 "이
변화가 그럭저럭 괜찮은 결정이라고 믿어 보려고 정말 애를 많이 썼지
만, 지난 몇 개월 사용해 본 결과 그렇지 않다는 사실만 분명해졌다."
라고 주장했다.[2]

1   피에르 이고의 블로그 글
「Mac OS X 10.7 (Lion): Why
ditch the 'Save As' com-
mand?」 중에서

2   크리스 시플레의 블로그
글 「Apple botches 'Save
As」 중에서

　애플은 2012년 다음 버전 OS인 Mountain Lion(10.8 버전)을 내면서
조용히 '다른 이름으로 저장하기' 기능을 다시 돌려 놓았다. 하지만 주
목해야 할 점은 그 명령이 감춰져 있는 보이지 않는 트리거라는 점이
다. 또한 그 동작규칙도 달라져서, 이전과는 다른 방식으로 동작하게
됐다. 「Mac Performance Guide」라는 웹사이트를 운영하는 로이드 챔
버스Lloyd Chambers는 「OS X Mountain Lion: Data Loss via 'Save As'」라는
글을 통해 변화된 동작규칙과 그 문제점을 다음과 같이 정리했다.

　　사용자가 문서를 편집하고 '다른 이름으로 저장'을 선택하면, 편집된 원래의 문서
　　와 새로 만들어지는 복사본이 **둘 다** 저장된다. 결국 바뀐 내용으로 새 복사본을 만
　　드는 것뿐만 아니라 똑같은 내용으로 원본을 덮어쓰게 되는 것이다. 사용자가 이
　　사태를 깨닫는다면 (수동으로) '되돌리기' 기능을 이용해 원본 문서를 이전 상태로
　　만들 수 있지만, 그렇지 못했을 경우에는 며칠 후 아주 혼란스러운 뜻밖의 상황에
　　빠지게 된다. "맙소사 이게 무슨 날벼락이람!"이라고 말하게 될지도 모른다. (고객
　　거래 내역을 덮어썼다고 생각해 보라!)

Mountain Lion 버전에 적용된 '다른 이름으로 저장'의 동작규칙은 다
음과 같다.

- 파일 내용을 변경한다.
- 파일을 새로운 이름으로 저장한다.
- 이후에 변경하는 내용은 새로 만들어진 파일에 적용된다. 그 이전에 원래 문서에서 변경한 내용은 원래의 문서에 저장된다.
- '이전 버전으로 되돌리기' 명령을 이용해서 원래 문서를 이전 버전으로 되돌릴 수 있다.

이렇게 동작하는 '다른 이름으로 저장' 기능은 앞서 설명한 '저장' 기능이나 '복제' 기능과는 또 별개다. 단순하고 이해하기 쉬웠던 마이크로인터랙션 하나가 이해하기 어려운 세 개의 마이크로인터랙션으로 대체되어, 뒤에서 무슨 일이 벌어지고 있는지에 대한 피드백도 하나 없이 동작하는 것이다. 결국 이후의 업데이트에서, 애플은 '저장' 대화상자에 '원본 문서에도 변경 내용을 저장' 체크박스를 추가했다. 이게 다 무슨 난장판인지.

　OS X의 '다른 이름으로 저장' 기능의 변화를 통해서 몇 가지 교훈을 얻을 수 있다. 어떤 마이크로인터랙션의 동작규칙을 쉽게 글로 적거나 도표로 그릴 수 없다면, 사용자가 상황을 나름대로 쉽게 정리할 수 있도록 **가상의 멘탈모델**을 만들게 해주는 피드백을 제공해야 한다. 그렇지 않으면 사용자는 그 마이크로인터랙션의 멘탈모델을 파악하는 데 어려움을 겪게 된다. 또한 완전히 새로운 마이크로인터랙션인 경우가 아니라면, 사용자는 마이크로인터랙션을 대할 때 그게 어떻게 동작하리라는 기대를 갖게 된다. 디자이너는 이런 기대를 져버릴 수도 있지만, 훌륭한 마이크로인터랙션은 사실 의외의 순간에 사용자의 기대를 뛰어넘는 환희를 제공하기도 한다. 그렇게 되려면 마이크로인터랙션이 사용자의 기대를 훨씬 뛰어넘는 것을 제공해 주고, 제공하는 가치가 분명하며, 이상적인 경우 사용자가 즉각적으로 이해할 수 있어야 한다.

애플의 제품들은 대부분 훌륭한 마이크로인터랙션을 갖고 있다. 이를 테면 iOS에서는 키보드가 주어진 맥락에 따라 바뀌는데, 이메일 주소 입력란을 채울 때에만 @ 버튼이 나타난다. 만일 사용자가 그런 마이크로인터랙션의 가치를 바로 알아챌 수 없다면, 쓸잘 데 없는 차별화 전략에 불과할 것이다. 디터 람스Dieter Rams가 말했듯이, "단지 차별화하기 위해서 다르게 만들어진 물건이 더 나은 경우는 거의 없다. 하지만 더 좋은 물건을 만들려고 하면 거의 언제나 차별화되는 물건이 나오기 마련이다."[3]

동작규칙 설계

모든 마이크로인터랙션의 중심에는 그 마이크로인터랙션의 사용 방식에 대한 일련의 동작규칙들이 있다. 동작규칙은 그 마이크로인터랙션이 어떻게 동작하는지를 기술적으로 복잡하지 않게 단순화해서 설명해야 한다.

　동작규칙에 있어서 가장 중요한 부분은 아마도 목표일 것이다. 동작규칙을 디자인하기 이전에, 마이크로인터랙션의 목표를 가장 단순명료한 형태로 정의해야 한다. 좋은 목표는 이해하기 쉽고 (사용자가 그 일을 왜 하는지 알고 있다) 성취할 수 있어야 한다(사용자가 그 일을 해낼 수 있다). 단지 여기서 기억해야 하는 점은, 목표로 설정해야 하는 것이 일련의 과정 중 하나가 아니라 사용자가 원하는 최종적인 상태여야 한다는 것이다. 이를테면 로그인 마이크로인터랙션의 목표는 사용자로 하여금 비밀번호를 입력하도록 하는 게 아니라, 사용자가 로그인해서 애플리케이션에 들어가도록 하는 것이다. 마이크로인터랙션이 그 과정보다 목표에 집중하면 할수록, 보다 성공적인 마이크로인

3　디터 람스가 1993년에 한 말로 알려져 있으며, 2011년 클라우스 켐프Klaus Kemp의 저서 『Dieter Rams: As Little Design as Possible』(Phaidon Press, 2011)에 인용되었다. 디터 람스는 자기도 모르게 18세기 독일의 철학자인 게오르그 크리스토프 리히텐버그(Georg Christoph Lichtenberg)가 말했던 다음 발언과 동일한 내용을 말했다. "Ich weiss nicht, ob es besser wird, wenn es anders wird. Aber es muss anders werden, wenn es besser werden soll.(나는 기존의 것과 다른 물건을 봤을 때 그게 더 나은 건지는 모른다. 하지만 물건이 더 좋아지려면 아무래도 어딘가가 달라지기 마련이다.)"

터랙션이 될 수 있다. 목표는 동작규칙의 엔진과 같아서, 모든 것이 그 목표를 이루기 위해 움직여야 한다(그림 3-1 참조).

동작규칙의 목적이 사용자의 행동을 제약하는 데 있기는 하지만, 그런 동작규칙들이 글자 그대로 규칙처럼 느껴지지 않는 게 중요하다. 사용자가 원하는 기능을 수행하려고 할 때 일련의 엄격한 동작규칙들을 준수해야 한다거나 심지어 외워야 한다고 생각하게 만들면 안 된다. 마이크로인터랙션을 디자인할 때 추구해야 하는 것은 극히 자연스러운 나머지 필연적으로 느껴지는 흐름이다. 동작규칙은 사용자와 마이크로인터랙션 사이의 상호작용이 원활하게 이루어지는 데 도움이 되어야 한다(그림 3-2 참조).

동작규칙은 다음 사항들을 결정한다.

- **트리거가 활성화될 때 마이크로인터랙션의 반응.** 아이콘을 클릭하면 어떻게 되는가? (3장 81쪽의 '백지에서 시작하지 말 것' 참조)
- **마이크로인터랙션이 진행되는 동안, 사용자가 (만일 가능하다면) 중간에 조작할 수 있는 항목.** 사용자가 다운로드를 취소하거나, 음량을 조정하거나, 보통은 자동으로 시작하는 과정(예: 새 메일 확인)을 직접 실행시킬 수 있는가?
- **일련의 동작을 위한 순서와 타이밍.** 이를테면 사용자가 검색창에 뭔가 문자를 입력했을 때만 '검색' 버튼을 활성화시킬 수 있다.
- **사용되는 정보와 그 목적.** 마이크로인터랙션이 위치, 날씨, 시간, 주식 시세 등에 따라 동작하는가? 그렇다면 그런 정보는 어디에서 받아 오는가?
- **관련된 알고리듬의 구성과 변수.** 동작규칙 전체도 하나의 알고리듬이라고 생각할 수 있지만, 마이크로인터랙션의 어떤 부분은 실제로 알고리듬에 의해서 움직인다(3장 101쪽의 '알고리듬' 참조).
- **피드백의 종류와 제공 시기.** 동작규칙은 어느 '단계'에서 피드백을 제공하고, 어느 단계는 눈에 띄지 않게 조용히 수행해야 할지를 포함하고 있어야 한다.
- **마이크로인터랙션의 모드mode.** 모드는 동작규칙 중에 따로따로 구분되는 몇 가지 서로 다른 상태다. 모드는 가능하면 피해야 하지만, 가끔 어쩔 수 없이 필요한 경우도 있다. 예를 들어 날씨 앱의 경우, 날씨를 확인하려는 도시를 입력하는 모드는 날씨를 확인하는 기본 모드와는 대부분 분리되어 있다. 모드에 대해서는 5장에서 좀 더 자세히 다룬다.

- **마이크로인터랙션의 반복 여부와 빈도.** 그 마이크로인터랙션은 한 번 실행되고 마는가, 아니면 여러 번 반복되는가? 마이크로인터랙션의 순환에 대해서는 5장에서 보다 자세히 다루게 된다.
- **마이크로인터랙션이 종료될 때 생기는 일.** 그 마이크로인터랙션이 다른 마이크로인터랙션으로 연결되는가? 그냥 사라지는가? 아니면 끝없이 계속되는가?

사용자는 이러한 일련의 동작규칙들을 모두 알고 있을 수도 있고 그렇지 않을 수도 있다. 동작규칙은 실행할 수 있는 기능과 실행할 수 없는 기능이라는 두 가지 방식으로 사용자에게 드러나며(그림 3-3 참조), 이 두가지 방식은 피드백(4장)을 통해 표출될 수 있다. 하지만 1장에서 언급된 고객 X의 이야기에서 알 수 있듯이, 사용자의 멘탈모델은 그 마이크로인터랙션의 동작규칙을 정할 때 적용된 개념적인 모델과 부합하지 않을 수도 있다.

그림 3-3 MailChimp는 사용자가 이메일 본문의 너비를 너무 넓게 설정하려고 하면, 설정된 폭에 따라 늘어나는 불쌍한 침팬지의 팔이 끊어지는 것을 보여줌으로써 제한되어 있는 기능을 표현한다.

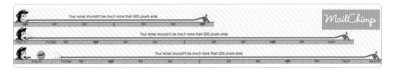

지극히 단순한 마이크로인터랙션의 사례로 조명 켜는 일을 생각해 보자. 동작규칙은 다음과 같다.

- 스위치를 누르면, 조명이 켜지고 그 상태로 유지된다.
- 스위치를 다시 누르면, 조명이 꺼진다.

아주 간단하다.

물론, 조명 스위치가 동작하는 원리를 물리적으로 정확하게 설명하자면 이보다 훨씬 복잡하다. 스위치를 조작하면 순환 구조로 되어 있는 전기 회로를 연결시키고, 이는 전구에 전자가 흘러 들어가도록 한다. 스위치를 다시 조작하면 전기 회로가 끊어진다. 하지만 사용자는 이런 내용을 몰라도 되며, 단지 동작규칙을 이해하는 것만으로도 충분하다.

그런데 조명등에 움직임 센서를 장착한다면, 동작규칙은 훨씬 더 복잡해진다.

- 주변의 움직임을 3초마다 한 번씩 확인한다.
- 움직임이 있다면, 사람 정도의 크기인지 확인한다(고양이가 지나갈 때마다 조명이 켜지면 안 될 테니까).
- 확인되면 조명을 켠다.
- 주변의 움직임을 다시 3초마다 한 번씩 확인한다.
- 움직임이 있는가?
- 움직임이 없다면, 10초를 기다렸다가 조명을 끈다.

물론 위의 동작규칙들에는 논란의 여지가 있다. 움직임을 확인하는 간격으로 3초는 너무 길지 않은가? 혹은 너무 자주 확인함으로써 전원을 지나치게 사용하는 건 아닐까? 고양이가 지나갈 때도 조명이 켜지도록 하고 싶다면 어떻게 하나? 화장실에 오래 앉아 있다가 전등이 자동으로 꺼져버린 경험이 있을 것이다. 어쩌면 10초는 너무 짧을지도 모른다. 두말할 나위 없이, 동작규칙은 어떤 기능을 어떤 순서대로 수행할지를 결정함으로써 사용자 경험에 영향을 미친다.

동작규칙 결정

동작규칙을 정하는 작업을 시작하는 가장 쉬운 방법은 우선 쉽게 떠올릴 수 있는 동작규칙들을 모두 적어 보는 것이다. 일반적인 동작규칙은 마이크로인터랙션을 수행하기 위한 우선순위가 높은 기능들이다. 이를테면 쇼핑 카트shopping cart에 상품을 담는 마이크로인터랙션을 위해 우선적으로 수행해야 하는 일은 다음과 같다.

- 사용자가 상품 페이지에서 '쇼핑 카트에 담기' 버튼을 클릭한다.
- 상품이 쇼핑 카트에 추가된다.

이 목록은 아주 단순 명료한 것처럼 보이지만, 디자인이 진행됨에 따라 동작규칙에 미묘한 고려 사항이 추가되기 시작한다. 이를테면 아래와 같다.

- 상품 페이지에서 사용자가 전에 이 상품을 구매한 적이 있는지 확인하고, 구매 내역이 있을 경우 버튼의 레이블을 '쇼핑 카트에 담기'가 아닌 '쇼핑 카트에 다시 담기'로 바꾼다.
- 사용자가 이미 이 상품을 쇼핑 카트에 담았는지 확인하고, 카트에 있는 경우 버튼의 레이블을 '쇼핑 카트에 담기'가 아닌 '쇼핑 카트에 하나 더 담기'로 바꾼다.
- 사용자가 버튼을 클릭한다.
- 상품이 쇼핑 카트에 추가된다.

이런 식으로 동작규칙이 구체화되어 가는 것이다. 하지만 이건 단지 그림 3-4에서 볼 수 있는 버튼 하나에 대한 것이다. 이 마이크로인터랙션에는 이보다 훨씬 많은 동작규칙이 있을 수 있다.

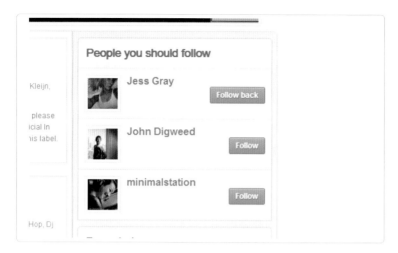

그림 3-4 간단한 버튼의 동작
규칙. Mixcloud에서는 다른
회원이 나를 친구 목록에 추가
follow했다면, 그 회원에 대한
'팔로우하기Follow' 버튼이 '마
주 팔로우하기Follow back'로
바뀐다. (제공: Murat Mutlu,
Little Big Details)

물론 동작규칙도 시각화를 통해서 보다 잘 표현할 수 있다. 경우에 따
라 논리 흐름도가 도움이 되기도 한다(그림 3-5 참조).

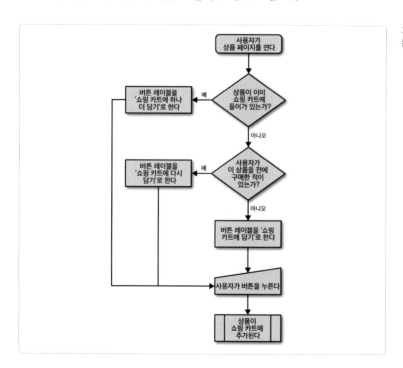

그림 3-5 동작규칙을 나타내
는 논리 흐름도의 사례

동작규칙의 흐름도는 동작규칙들을 시각적으로 보는 데 도움이 되고, 기능들이 (쓸데없이) 복잡해진 부분을 쉽게 파악할 수 있도록 해준다. 이런 시각화는 또한 동작규칙의 논리 중 글로만 설명되었을 때 알아채기 힘든 오류를 잘 보여 준다. 미묘한 동작규칙이 주는 효과는 그림 3-6에서 볼 수 있다.

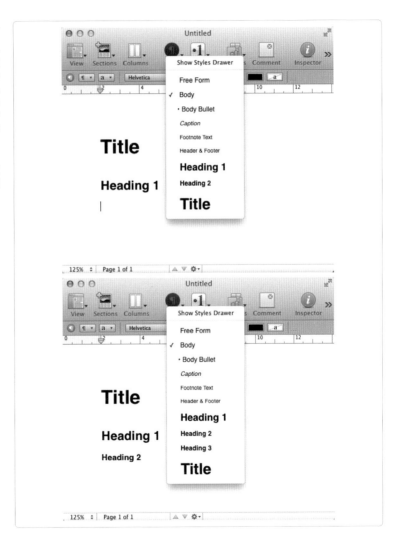

그림 3-6 애플의 문서 작성 프로그램인 Pages는 표시되어 있는 가장 작은 제목 스타일을 사용한 후에만 그보다 한 단계 아래의 제목 스타일을 보여준다. 즉, 2단계 제목 스타일을 사용하기 전까지는 선택 항목에 3단계 제목 스타일이 나타나지 않는다. (제공: Little Big Details)[4]

4   (옮긴이) 이 방식은 마이크로소프트 워드 2013에도 적용되어 있다.

동사와 명사

디자인할 마이크로인터랙션 전체를 하나의 문장으로 생각해 보는 것
도 도움이 될 수 있다. 사용자가 취할 수 있는 행동은 동사가 되고, 그
런 행동이 가능하도록 해주는 물건이 명사가 된다(그림 3-7 참조). 이
를테면 슬라이드 바는 음량을 높이거나 낮출 수 있게 해 준다. 동사는
사용자가 취할 수 있는 행동(음량을 높이거나 낮추는 것)이며, 명사는
사용자가 그런 행동을 할 때 쓰는 물건(슬라이드 바)이다.

그림 3-7 Nike+를 사용하면
서 조깅을 하면, 페이스북 친구
들이 그 운동에 대해서 '좋아요'
를 할 수 있고 그럴 때마다 사
용자의 헤드폰에서는 응원 소
리가 들리게 된다.

마이크로인터랙션과 관련된 모든 대상(UI를 구성하는 틀, 웹 양식을
이루는 모든 요소, 조작 장치, 표시 장치 등)은 모두 어떤 속성과 상태
를 갖는 명사로, 그 속성과 상태를 정의하는 것은 동작규칙이다(그림
3-8 참조). 단순한 드롭다운 메뉴를 생각해 보자. 드롭다운 메뉴는 열
려 있거나 닫혀 있는 두 가지 상태를 갖는다. 메뉴가 열리면 선택 항목
들이 나타난다. 여기서 선택 항목은 그 메뉴의 속성 중 하나다. 다른
속성으로는 선택 항목의 최대 개수라든가, 항목 레이블의 최대 길이
등을 생각할 수 있다. 드롭다운 메뉴는 또 다른 상태를 가질 수 있다.
이를테면 메뉴가 열려 있고 마우스 커서가 올라와 있는 상태를 정의하

그림 3-8 애플 웹사이트에서는 비밀번호를 변경하려고 할 때, 사용자가 입력 칸을 채워 나가는 동안 비밀번호가 충족해야 하는 조건들이 하나씩 확인되며 표시된다. 이 방식은 마이크로인터랙션의 제약을 매우 직접적인 방식으로 표시하고 있다. (제공: Stephen Lewis, Little Big Details)

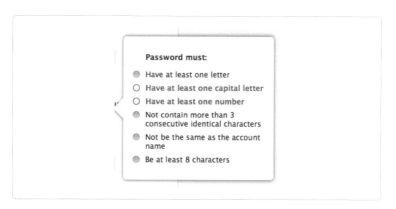

면 사용자가 커서를 선택 항목 위에 올렸을 때 도움말 상자를 띄우도록 할 수 있다. 이런 상세 내용은 모두 동작규칙에 의해서 결정된다. (동사도 어떤 행동이 얼마나 빨리 진행되어야 하고, 얼마나 오래 걸려야 하는지 등 나름의 속성을 갖는다. 이런 내용도 동작규칙 안에서 정의되어야 한다.)

마이크로인터랙션에 포함되는 명사는 모두 유일해야 한다. 같은 명사를 두 개의 마이크로인터랙션에서 쓴다면, 그 둘을 하나로 합치는 것을 고려해 보자. 또한 똑같아 보이는 명사가 여러 개 있다면 그 행동도 똑같아야 함을 명심하자(그림 3-9 참조). 비슷하게 생긴 버튼 두 개가 사실은 완전히 다른 방식으로 동작한다든가 하면 안 된다. 서로 다르게 동작하는 항목은 서로 다르게 생겨야 한다. 마찬가지로, 똑같은 항목이 서로 다른 곳에 적용되었다고 해서 서로 다른 방식으로 동작하면 안 된다. 안드로이드Android 모바일 운영체제는 사용자가 '뒤로 가기' 버튼을 눌렀을 때, 때로는 이전 상태로 되돌려주고 때로는 전혀 다른 앱을 보여 주는 등 최소한 겉으로 보기에는 멋대로 동작하는 것으로 유명하다(론 아마데오Ron Amadeo의 글 「기본형 안드로이드는 완벽하지 않다Stock Android Isn't Perfect」를 참조하자).

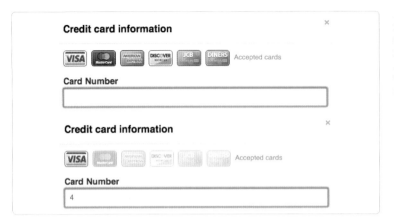

그림 3-9 GitHub에서는 사용자가 신용카드의 종류를 선택하지 않아도 된다. 그 대신 사용자가 입력한 카드 번호를 바탕으로 자동으로 그 종류를 인식해 표시한다. (제공: Little Big Details)

가장 훌륭한 마이크로인터랙션은 사용자가 최소한의 명사만으로도 다양한 동사를 구사할 수 있게 해 준다.

화면과 상태

동작규칙의 각 단계를 그냥 하나씩 별개의 화면으로 만들기가 쉽다. 그렇게 되면 모든 마이크로인터랙션이 마법사wizard 형식의 UI가 된다. 이런 접근은 특정한 부류의 마이크로인터랙션, 즉 자주 사용할 일이 없거나 딱 한 번만 사용하며 각 단계가 뚜렷하게 구분되어 잘 정의되어 있는 마이크로인터랙션에는 잘 부합한다. 하지만, 대부분의 마이크로인터랙션에 있어서는 사용자가 의도한 행동의 흐름을 방해하고 불필요하게 맥을 끊게 된다. 매 단계마다 다른 화면을 쓰는 것보다 나은 방식은 상태 변화를 활용하는 것이다. 이 방식에서는 매번 새로운 화면을 띄우는 대신 그때그때 입력이나 조작에 필요한 부분을 조금씩 화면에 표시한다(그림 3-10 참조).

그림 3-10 Square의 iOS 앱에서 신용카드 뒷면의 검증 코드를 입력할 때는, 신용카드의 그림이 뒤집히는 모습을 보여줌으로써 그 번호를 어디서 찾을 수 있는지를 직접적으로 보여 준다. (제공: Dion Almaer)

사용자가 동작규칙을 따라 마이크로인터랙션을 사용하면서, 마이크로인터랙션에 포함된 항목(명사)도 시간에 따른 동작규칙의 변화를 반영하게 만들 수 있다. 그런 변화 하나하나는 마이크로인터랙션의 상태로 정의해야 한다(그림 3-11 참조).

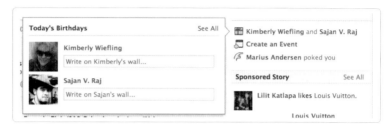

사용자와 상호작용하는 사물은 최소한 세 가지 상태를 갖는다.

- **기본 상태**
  사용자가 대상을 찾아냈을 때의 상태. 시스템에 의해 미리 입력된 데이터가 표시되어 있을 수도 있다.
- **활성화 상태**
  사용자와 상호작용하는 동안, 그 대상은 무엇을 하는가?
- **갱신된 상태**
  사용자가 상호작용을 마치면, 그 대상에는 무슨 일이 생기는가?

간단히 '끌어다 놓기(drag-and-drop, 드래그 앤 드롭)'를 예로 들어 보자. 대상의 기본 상태에서는 우선 그 대상의 생김새가 드래그할 수 있을 것처럼 보여야 한다. 그게 아니라면, 마우스 커서를 그 대상 위에 올렸을 때hover 그 대상과 마우스 커서(아니면 최소한 둘 중 하나)를 통해서 사용자가 그 대상을 드래그할 수 있다는 것을 표현해야 한다. 대상을 드래그하는 동안에는 또 다른 상태가 있을 수 있다. (이 순간에 '화면[명사가 하나 더 등장한다]' 자체가 또 하나의 상태로 바뀌면서, 드래그하고 있는 대상을 어디에 놓을 수 있는지를 표시하는 것도 가능하다.) 사용자가 대상을 내려놓으면 그냥 단순히 기본 상태로 돌아갈 수 있다(그림 3-12 참조).

모든 상태는 사용자에게 현재 벌어지는 일(아무 일도 벌어지지 않고 있는 상황까지 포함해서)에 대한 정보를 전달해 주기 때문에, 마이크로인터랙션 디자이너는 각각의 상태에 면밀한 주의를 기울여야 한다.

동작규칙의 제약점

동작규칙은 주어진 사업 영역, 주변 정황, 기술 조건에 따른 제약을 고려해야 한다(그림 3-13 참조). 그런 제약점에는 다음과 같은 사례가 있을 수 있다.

- **가능한 입출력 방식**. 키보드를 사용할 수 있는가? 스피커는 있는가?
- **입력 받을 값의 종류나 범위**. 이를테면 비밀번호의 최대 길이나 최대로 키울 수 있는 음량의 크기 등이 여기에 해당한다.
- **높은 비용이 필요한 경우**. 사용자가 돈을 지불해야 할 때(예: 특정한 종류의 데이터. 그림 3-14 참조)는 물론, 많은 자원을 소모해야 하는 경우도 포함한다. 이를테면 10초에 한 번 서버에서 정보를 확인하는 것은 서버에 많은 부하가 걸리게 할 뿐만 아니라 배터리를 빨리 닳게 할 수 있다.
- **활용할 수 있는 데이터의 종류**. 센서를 통해 수집할 수 있는 정보는 무엇인가? 현재 위치, 주요 뉴스, 날씨, 시간 등의 정보를 얻기 위해서는 어떤 서비스나 API[5]와 연동해야 하는가?
- **수집할 수 있는 데이터의 종류**. 수집해서 활용할 수 있는 개인 정보나 사용자 행동 정보가 있는가?

5　(옮긴이) API Application Programming Interface는 소프트웨어의 한 영역이 다른 영역과 정보를 주고 받기 위해서 미리 정해둔 통신 방식으로, 애플리케이션 내부는 물론 서로 다른 애플리케이션들 사이에서도 사용된다.

그림 3-14 iTunes에서는 무료 상품을 구입 희망 목록Wish List에 추가하려고 하면, 따로 구매할 필요 없이 그냥 공짜로 다운로드할 수 있다는 사실을 상기시켜 준다. (제공: Little Big Details)

위에 나열된 제약 사항 중에서 마지막 두 가지 항목은 우리가 백지에서 시작하지 않을 수 있도록 해준다.

백지에서 시작하지 말 것

트리거가 구동되고 나면, 모든 마이크로인터랙션에 있어서 첫 번째 질문은 사용자와 그 맥락에 대해서 알고 있는 것이 무엇인가 하는 점이다. 거의 대부분의 경우 우리는 뭔가 알고 있기 마련이고, 그런 정보를 활용하면 마이크로인터랙션을 개선할 수 있다(그림 3-15 참조).

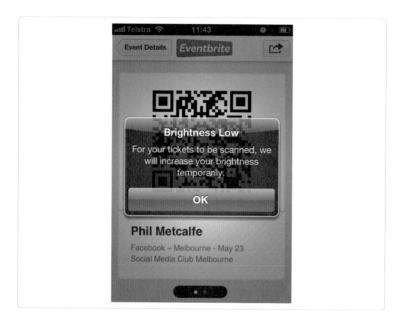

그림 3-15 Eventbrite의 iOS 앱에서는 모바일 입장권을 화면에 표시할 때 QR 코드를 스캔하기 쉽도록 화면 밝기를 조정해 준다. 유용한 기능이지만, 따로 알림창을 띄울 필요까지는 없었을 것이다. (제공: Phil Metcalfe, Little Big Details)

이때 사용할 수 있는 정보의 사례로는 다음과 같은 것들이 있다.

- 사용하고 있는 플랫폼 및 기기
- 현재 시간
- 주변 공간의 소음 수준
- 선택한 마이크로인터랙션이 얼마나 오래전에 사용되었는지
- 사용자가 회의 중인지 여부
- 사용자가 혼자 있는지 여부
- 배터리 수명
- 사용자의 현재 위치와 방향
- 사용자가 과거에 수행한 기능

직접 사용자로부터 나오지 않은 정보도 유용할 수 있다(그림 3-16, 그림 3-17 참조).

그림 3-16 Google+는 친구들이 어디에서 일하는지를 바탕으로 회원의 직장을 추측한다. (제공: Artem Gassan, Little Big Details)

그림 3-17 Pro Flowers에서는 사용자가 꽃을 배달할 날짜를 선택할 때, 다가오는 중요한 기념일의 날짜를 표시해 준다. (제공: Gabriel Henrique, Little Big Details)

위에 나열된 정보 중 가장 중요할 수도 있는 마지막 항목은 사용자의 행동에 대한 정보를 수집해야 가능한 일이다. 이런 기능에 대해서 고려할 때 시스템 자원의 관점에서 고민해야 하는 시점은 이미 오래전에 지났다. 요즘은 낮은 사양의 기기조차도 그 정도의 기능을 수행하기에 충분한 메모리와 연산장치를 갖추고 있다. 문제는 오히려 그런 기능이 개발할 만한 가치가 있다고 사람(개발자)들을 설득하는 데 있다(당연히 그만한 가치가 있는 일이다). 물론, 사용자의 사적인 정보에도 신경을 써야 한다. 진료 기록 같이 민감한 주제를 다루는 마이크로인터랙션은 개인 정보를 수집하는 일에 대해서 다시 한번 생각해 봐야 한다. 마이크로인터랙션이 수집하는 정보가 그 사용자를 창피하게 만들거나 위험하게 할 수 있는가? 그런 경우에는 개인 정보를 수집해서는 안 된다. 다른 사람에게 알려질까 걱정하게 만드는 것보다 개인화되지 않은 경험을 제공하는 편이 차라리 낫다.

사용자의 사적인 정보는 서로 조합해서 사용할 수 있다. 매일 아침 10시에 사용자가 특정 기능을 수행한다면, 같은 시간에 마이크로인터랙션이 구동되었을 때는 같은 기능을 제공할 수 있다. 사용자가 어떤 위치에 도착할 때마다 특정한 기능을 수행할 수도 있고, 모바일 기기를 통해서 로그인할 때마다 특정한 정보를 표시할 수도 있다. 이와 같은 사례는 그림 3-18에서 볼 수 있다.

그림 3-18 Threadless에서는 사용자가 처음으로 웹사이트에 접속하면, 방문자가 있는 국가로 상품을 배송해 주는지 여부를 알려 준다. (제공: Little Big Details)

중요한 것은 주어진 조건 하에서 파악할 수 있는 맥락 정보와 과거의 사용자 행동을 활용하면 마이크로인터랙션을 예측하고 개선할 수 있다는 점이다(그림 3-19 참조). 그런 정보를 수집하는 것은 끝없이 계속되는 사용자 연구로 간주할 수도 있다. 적당한 분석 기법을 활용하면 사람들이 어떻게 그 마이크로인터랙션을 이용하는지 알아내고 조정할 수 있다. 이를테면, 사용자의 행동 데이터를 수집함으로써 어떤 기능을 위해서 단축키 같은 보이지 않는 트리거를 제공한다면 그 기능에 익숙한 사용자들이 보다 간편하게 동작규칙의 특정 지점으로 바로 갈 수 있으리라는 것을 알아낼 수도 있다. 교통 정보 앱인 Waze는 숙련된 사용자를 위해서, 메뉴 버튼을 누르는 대신 밀어서 길 찾기 기능을 바로 시작할 수 있도록 해준다.

그림 3-19 Dropbox는 사용자가 쓰는 브라우저의 종류에 따라 다운로드한 파일을 실행하는 방법을 다르게 설명해 준다. (제공: Mikko Leino, Little Big Details)

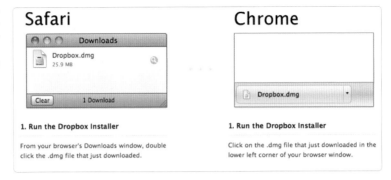

복잡성을 포용하기

1장에서 소개했던 '복사해서 붙여넣기'의 발명자 래리 테슬러는 '테슬러의 복잡성 보존 법칙'을 제시했는데, 이는 동작규칙을 설계할 때 명심해 두면 좋은 격언이다. 간단히 '테슬러의 법칙'이라고 할 수 있는 이 법칙에 따르면, 모든 활동은 복잡성을 내재하고 있으며 그 과정을 단순하게 만드는 데는 어떤 한계가 있다. 그렇다면 그 복잡성을 어떻게 다룰 것인가? 사용자의 조작을 줄이고 시스템이 이를 다루게 하거나, 사용자가 직접 이를 다룰 수 있도록 보다 많은 조작을 사용자에게 맡기고 결정하게 할 수도 있을 것이다(그림 3-20 참조).

그림 3-20 그다지 잘 만들어지지 않은 것으로 악명 높은 iCal 애플리케이션에도 시간을 선택하는 마이크로인터랙션 안에 훌륭한 동작규칙이 있다. 어떤 일정이 얼마나 오래 진행될지 알기 위해서 따로 계산을 할 필요가 없도록, iCal은 사용자가 종료 시간을 선택할 때 그 일정의 지속 시간을 함께 보여 준다. 이는 마이크로카피(micro-copy, 이 장의 뒷부분에서 자세히 설명됨)를 효율적으로 적용한 사례다. (제공: Jack Moffett)

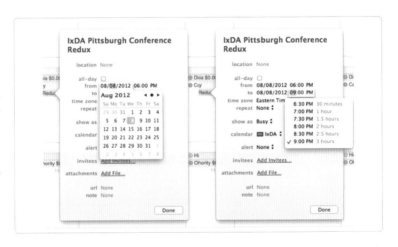

마이크로인터랙션을 구상하다 보면, 아무래도 사용자가 조작할 수 있는 여지를 줄이고 대부분의 의사 결정은 마이크로인터랙션이 하는 쪽으로 마음이 기울기 마련이다. 마이크로인터랙션 중에는 순전히 사용자에게 조작 권한을 주기 위한 목적으로 만들어지는 것도 있지만, 그런 마이크로인터랙션조차도 모종의 복잡성을 다뤄야 하는 경우가 많다(그림 3-21 참조).

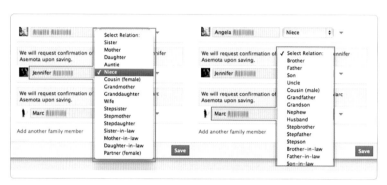

그림 3-21 Facebook에서 새로운 가족 구성원을 입력하려고 하면, 시스템은 선택된 구성원의 성별을 인식해서 그에 따라 가족 관계(예: 남자면 삼촌, 여자면 이모) 선택 메뉴에 나타날 목록을 바꾼다. (제공: Stefan Asemota, Little Big Details)

우선 핵심적인 복잡성이 어디에 있는지를 파악하고, 사용자가 유지하고 싶은 복잡성은 어떤 부분이고 그게 전체 사용 과정 중 어디에 해당하는지를 알아야 한다. 그리고 나서 사용자가 직접 조작할 필요가 있는 순간에 사용자에게 조작 권한을 제공해 주면 된다(그림 3-22 참조).

그림 3-22 구글 번역에서는 번역된 문구에 마우스 커서를 올리면, 그 부분에 해당하는 원래 문구를 표시해 준다. 번역된 문구를 클릭하면 다른 문구로 바꾸어 번역할 수 있다. (제공: Shruti Ramiah, Little Big Details)

어떤 종류의 복잡성은 사람보다 컴퓨터가 훨씬 더 잘 다룬다. 설계하는 마이크로인터랙션에 다음과 같은 작업이 포함되어 있다면, 그런 부분은 컴퓨터에 맡기는 편이 낫다.

- 짧은 시간 안에 계산과 연산을 수행하는 것
- 여러 개의 작업을 동시에 수행하는 것
- 절대로 잊어버리는 일 없이 기억하는 것
- 복잡한 패턴을 인식하는 것
- 방대한 자료 더미 안에서 특정한 항목을 찾는 것

물론 복잡성을 제거한다는 말은, 동시에 사용자에게 어떤 항목을 선택할 수 있게 제공하고, 기본값으로 어떤 것을 제시할지를 정할 때 더욱 심사숙고해야 한다는 의미다.

제한된 선택 항목과 세심한 기본값

사용자에게 더 많은 선택 항목을 주는 마이크로인터랙션은 더 많은 동작규칙을 갖는다. 일반적으로 동작규칙의 개수가 적은 마이크로인터랙션이 더 이해하기가 쉽기 때문에, 결국 사용자가 선택할 수 있는 항목을 제한하고 그 대신 기본값을 잘 준비하는 것이 낫다.

마이크로인터랙션에 있어서는, 사용자가 다음으로 취할 가능성이 높은 행동을 강조하거나 자동으로 실행해 주는 게 좋다. 어떤 항목을 강조하는 방법으로는 다른 항목을 모두 없애거나, 그냥 시각적으로 강조하는 방법(이를테면 버튼을 크게 만든다든가 하는 식으로)이 있다. 게임 디자이너 제시 셸Jesse Schell이 그의 책 『The Art of Game Design』[6]에서 말했듯이, "어떤 사람이 어느 쪽을 바라볼지 조종할 수 있으면,

6   (옮긴이) 원서는 CRC Press에서 출판되었으며, 국내에는 에이콘 출판사에서 『게임 디렉터, 기획자, 개발자가 꼭 읽어야 할 게임 디자인에 관한 모든 것』이라는 제목으로 번역 출간했다.

그 사람이 어느 쪽으로 갈지도 조종할 수 있다."

사용자가 다음 단계에 할 일을 아는 것은 그 사용자가 따로 뭔가를 하지 않아도 그 단계를 자동으로 수행하거나 제시할 수 있다는 점에서 무척 중요하다(그림 3-23과 그림 3-24 참조). 이는 마이크로인터랙션들을 서로 연동할 수 있는 방법 중 하나다(6장 183쪽의 '여러 마이크로인터랙션 조합하기' 참조).

그림 3-23 유튜브에서 '신고하기(Report)' 버튼을 누르면 신고하려고 하는 동영상을 자동으로 정지시켜 준다. 사용자가 다음으로 실행할 법한 기능을 대신 수행해 주는 것이다. (제공: Aaron Laibson, Little Big Details)

그림 3-24 Pinterest에 웹페이지를 추가할 때, 사용자가 페이지에서 선택한 문구가 있다면 자동으로 그 페이지에 대한 설명이 된다. (제공: Louisa Fosco, Little Big Details)

사용자가 선택할 수 있는 모든 항목은 최소한 한 가지씩의 동작규칙을 갖고 있으므로, 동작규칙을 최소한으로 하는 가장 좋은 방법은 사용자의 선택을 제한하는 것이다. 간단히 말해서, 선택할 수 있는 항목을 무자비하다 싶을 정도로 줄여 나가야 한다. 이상적으로 말해서 마이크로인터랙션은 딱 한 가지 기능을 잘 수행하도록 되어 있으므로, 마이크로인터랙션 전체에 걸쳐 기본 선택값을 잘 준비해 두면 사용자가 중간에 뭔가를 선택해야 할 필요조차도 없을 것이다. 모든 마이크로인터랙션이 하나의 행동을 하고, 그 행동이 다음으로 연결된다. 이것이 구글

7 (옮긴이) 구글에서 검색어를 입력한 후에 "I'm Feeling Lucky" 버튼을 클릭하면, 검색 결과 목록을 보는 대신에 그 결과 중 첫 번째 웹사이트로 바로 이동하게 된다. 구글은 검색 결과 페이지에만 광고를 싣기 때문에, 이 페이지를 건너뛰는 사용자가 많을수록 광고 수익이 줄어들게 된다. 본문에 설명되어 있듯이 현재는 검색어 입력과 동시에 결과가 표시되기 때문에 이 버튼의 실효성은 거의 없다고 봐야 하며, 검색어를 입력하기 전에 클릭할 경우 구글의 기념 로고(구글 두들를 모아놓은 페이지로 이동하게 된다. 실제로 "I'm Feeling Lucky" 기능을 사용해 보고 싶다면, 웹브라우저의 설정에서 자바스크립트 실행을 비활성화한 채로 검색어를 입력하면 된다.

8 『Business Insider』 2010년 9월 8일자에 실린 Nicholas Carlson의 기사 「Google Just Killed the 'I'm Feeling Lucky' Button」을 참고

Google의 검색창을 21세기 초의 가장 효과적인 (아니면 최소한 온라인에서 가장 인기 있는) 마이크로인터랙션으로 만들었다. 구글의 마이크로인터랙션은 항상 다음의 동일한 동작규칙을 따른다.

- 검색어를 입력한 다음, 바로 옆에 있는 검색 버튼을 누른다.
- 검색 결과가 나타난다.

물론 이 사례에서조차도 구글은 선택 사항을 추가했다. 검색 결과 중 첫 번째 항목으로 바로 보내 주는 "I'm Feeling Lucky"[7] 버튼이 그것이다. 이 버튼은 사용자의 1% 정도가 사용했고, 구글은 매년 광고 수익 중 1억 달러를 손해 봤다. 2010년, 구글은 사용자가 검색어를 입력함과 동시에 결과를 보여 주는 '즉석 검색'을 선보이면서 "I'm Feeling Lucky" 기능을 사실상 없애버렸다. "I'm Feeling Lucky" 버튼을 누를 기회가 없어진 것이다.[8] 이제 동작규칙은 다음과 같이 바뀌었다.

- 검색어를 입력한다.
- 검색 결과가 나타난다.

말 그대로, 이보다 더 간단해질 수는 없다. 미래에 구글이 사용자가 검색할 내용을 추측할 수 있게 돼서 검색어를 입력하기도 전에 바로 그 결과를 보여 준다면 모를까.

마이크로인터랙션에 있어서 주요한 선택 항목은 딱 하나만 있는 게 좋다. 이는 사용자에게 상-중-하 온도 조절 같은 선택권을 주지 말아야 한다는 게 아니라, 동작규칙을 바꿔버리는 선택 항목을 여러 개 제공하지 않는 게 좋다는 것이다. 그런 선택 항목은 마이크로인터랙션에 모드mode(5장 참조)의 개수를 늘리기 십상이다. 이를테면, 로그인 마이

크로인터랙션에서 흔히 찾아볼 수 있는 '비밀번호를 분실했다면?' 모드가 여기에 해당한다. 이 링크는 사용자를 다른 모드로 보내게 되고, 그 모드는 (의도한 대로라면) 사용자가 비밀번호를 다시 알게 된 후에 결국은 원래의 모드로 돌아오게 하는 역할을 한다.

사용자를 위해서 뭔가 기본값을 설정해 놓은 경우에는, 설정된 내용을 표시해 주는 게 좋다. 한 가지 사례로 애플의 달력 앱에서 제공하는 일정 알림 기능이 있다. 사용자에게 '15분 후에 회의 시작' 같은 일정 알림이 표시될 때 이와 함께 '다시 알림Snooze' 버튼이 제공된다. 하지만 그 버튼에는 얼마나 오래 있다가 다시 알림이 나타날지에 대한 정보도 없고, 그렇게 설정되어 있는 시간을 바꿀 수 있는 방법도 없다(경험상 15분으로 설정되어 있는데, 개인적으로는 좀 길다고 생각한다). 사용자에게 동작규칙을 알려 주기 위해서 버튼 위에 '15분 후에 다시 알림'이라고 표시했다면 더 나았을 것이다.

가장 눈에 띄는 기본값은 대부분의 사람들이 제일 흔하게 하는 행동에 부합해야 한다. 기본값을 자동으로 설정하는 게 사용자에게 좋지 않다고 여겨지는 경우에도, 그 기본값은 최소한 시각적으로 눈에 띄어야 한다. 여기에 해당하는 가장 흔한 사례가 확인/취소 버튼이다. 아무래도 취소 버튼보다는 확인 버튼을 누를 확률이 더 높으므로, 확인 버튼이 (크기가 더 크거나 색상으로 강조되거나) 더 쉽게 눈에 띄어야 한다. 키보드가 연동되는 경우라면 리턴 키도 잊지 말자. 리턴 키를 누르면 기본 동작이 실행되어야 한다.

사용자에게 선택권을 주게 되는 경우에는, 선택할 항목들을 어떻게 제시하느냐에 따라 사용자가 선택하는 항목이 달라질 수도 있다. 사람은 목록의 맨 앞과 마지막에 있는 항목을 그 중간에 있는 항목에 비해서 잘 기억하는 경향이 있다. 또한 따로 강조된 항목을 선택하는 경우가 그렇지 않은 항목을 선택하는 경우보다 많다. 그리고 사용자가 여러 개의 결정을 내려야 한다면, 비교적 간단하고 광범위한 선택에서 시작해서 세부적인 선택 항목으로 옮겨가는 게 좋다. 뱅크 오브 아메리카 메릴린치의 사용성 부문 부회장인 콜린 롤러Colleen Roller가 말했듯이, "사람들은 선택할 수 있는 항목들을 충분히 이해하고 쉽게 비교 평가할 수 있을 때 자신의 선택에 가장 큰 확신을 갖는다. 선택 항목들을 쉽게 평가하려면 그 개수가 많지 않고 서로 쉽게 구분할 수 있어야 한다."9

9　UX Matters에 게재된 2010년 12월 6일자 기사「Abundance of Choice and Its Effect on Decision Making」에서 발췌

모든 선택 항목은 (최소한) 하나의 동작규칙을 동반하기 마련이고 동작규칙은 적을수록 좋기 때문에, 사용자에게 제시하는 선택 항목은 사용자에게 충분한 의미가 있어야 한다. 의미 있는 선택 항목들은 사용자가 그 마이크로인터랙션의 목적을 이루는 방법은 물론 심지어 그 목적 자체에도 영향을 준다. 이를테면 페이스북을 통해서 로그인할지 아이디와 비밀번호를 직접 입력해서 로그인할지 결정하는 것은 사용자에게 매우 의미 있는 선택이다. 의미 없는 선택은 뭘 선택하든 간에 결과에 변화가 없는 경우이다. 아마존의 킨들Kindle 앱은 사용자가 책을 읽다가 마음에 드는 문구를 따로 표시해 두고 싶을 때 어떤 색을 사용해서 강조할지를 선택할 수 있지만, 그렇게 선택한 색상을 기준으로 표시된 문구를 선택하거나 저장할 수는 없다. 단순히 문구를 강조하는 마이크로인터랙션에 있어서 색상 선택의 유용성이 미미한 수준이라는 점을 생각해 보면, 기본 마이크로인터랙션에서는 빼는 게 나았을 것이다. 사용자가 어떤 선택을 함으로써 좀 더 재미있거나, 가치 있거나, 혹은 기분 좋은 경험을 할 수 있는가를 생각해 보자. 만일 그에 대한 답변이 부정적이라면 그런 선택 항목은 마이크로인터랙션에서 제외하는 편이 낫다.

선택권을 제한하는 것은 그로 인해 생길 수 있는 예외적인 사용 상황edge case을 모두 미리 막을 수 있다는 긍정적인 파생 효과가 있다. 예외 상황은 특별한 경우에만 발생하는 해결하기 어려운 문제로, 보통

은 소수의 (능숙한) 사용자에게 생긴다. 예외 상황은 마이크로인터랙션을 만들 때 가장 일반적인 사용이 아닌 특수한 정황을 포함해서 디자인하게 만든다. 이러한 예외 상황은 마이크로인터랙션에게 있어서는 최대의 약점 같은 존재이므로, 가능한 한 무슨 수를 써서라도 피해야 한다. 심지어 동작규칙을 재검토해서 예외 상황이 생기는 일 자체가 불가능하도록 만드는 것도 고려할 수 있다. 예를 들어 태어난 해를 입력하는 칸이 직접 문자를 입력하는 방식이라면, 유효하지 않은 날짜 (예: 미래의 날짜)를 입력할 수 있다. 입력 방식을 드롭다운 메뉴로 바꾸면 이런 예외 상황을 없앨 수 있다.

조작 장치와 사용자 입력

대부분의 마이크로인터랙션은 사용자의 직접적인 조작을 포함하고 있다. 여기서 결정해야 하는 문제는 어떤 종류의 조작 장치를 이용하며, 그런 조작 장치가 어떻게 제시되는가 하는 점이다. 음량 조절 마이크로인터랙션 같이 단순한 사례를 생각해 보자. 음량은 더 크게, 더 작게, 음소거처럼 세 가지 상태를 가질 수 있다. 이런 상태는 버튼 세 개로 제시되거나, 슬라이드 바, 다이얼, 두 개의 버튼, 스크롤 휠, 슬라이드 바와 버튼 등 여러 가지 조합으로 제시될 수도 있다.

조작 장치를 구성할 때는, 조작상의 단순함과 인식상의 단순함 사이에서 선택을 해야 한다(그림 3-25 참조). 조작상의 단순함은 모든 명령에 각각 별개의 조작 장치를 부여한다. 음량 조절의 사례로 보자면 이는 버튼 세 개를 적용하는 방법이다. 버튼 하나는 소리를 더 크게, 하나는 더 작게, 그리고 하나는 음소거 상태를 만든다. 인식상의 단순함은 하나의 조작 장치가 여러 가지 동작을 하게 된다. 음량을 조절하려고 슬라이드 바나 스크롤 휠을 적용하는 경우가 여기에 해당할 수 있다.

그림 3-25 구글 드라이브의 표 삽입 마이크로인터랙션에서는 사용자가 마우스 커서를 올렸을 때 표의 크기를 시각적으로 선택할 수 있도록 해주는 창이 나타난다. (제공: Kjetil Holmefjord, Little Big Details)

반복적으로 수행해야 하는 마이크로인터랙션의 경우에는, 그 동작을 실수 없이 빠르게 수행하는 게 중요한 경우가 아니라면 인식상의 단순함 쪽으로 방향을 잡는 게 좋다. 이를테면 원격 회의를 위한 전화기에 달려 있는 마이크 입력 차단Mute 버튼이 그 사례로, 해당 버튼에 음량 줄이기 동작을 포함시킨다면 난리가 날지도 모른다. 단 한 번만 실행하면 되거나 가끔씩만 실행하게 될 마이크로인터랙션의 경우에는 조작상의 단순함에 무게를 두어 생각해 보자. 선택할 수 있는 항목을 화면 위에 모두 표시하면, 사용자는 그 마이크로인터랙션에 대한 사전지식이 많지 않아도 충분히 쉽게 사용할 수 있다.

문자 입력 칸에 입력되는 내용은 다른 곳에서 복사해서 붙여 넣어지거나 사용자가 기억하고 있던 내용을 직접 타이핑하는 등 온갖 방식으로 입력될 수 있으므로, 그런 내용을 다루는 데 있어서는 유연성이 필요하다. 예를 들어, 전화번호를 입력하는 양식은 사용자가 입력 가능한 여러 가지 형식의 전화번호(예: (010)1234-1024, 01012341024 또는 010-1234-1024)를 입력할 수 있도록 지원해야 한다. 문자 입력 칸은 특히 시스템 디자이너가 불가피한 다양성이라고 부르는, 다양한 조건에서 제대로 동작할 수 있는 능력이 필요하다. 이를 위해서는 입력된 내용을 받아들인 뒤에 그 내용을 프로그램이나 데이터베이스가 처리할 수 있는 형식으로 변환해야 할 수도 있다(여기에 대한 나쁜 사례로는 그림 3-26, 좋은 사례로는 그림 3-27을 참조하라).

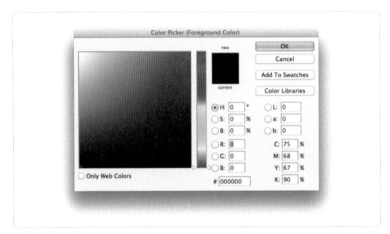

그림 3-26 Adobe Photoshop (포토샵)의 색상 선택 마이크로 인터랙션은 원하는 색상의 코드 hex value를 넣을 수 있는 곳이 있다. 하지만 이 옵션이 처음 소개됐을 때는 색상 코드 앞에 흔히 따라 붙는 '#' 표시를 함께 붙여 넣었을 때 이를 이해하고 무시할 정도로 똑똑하지는 않았다. (제공: Jack Moffett)

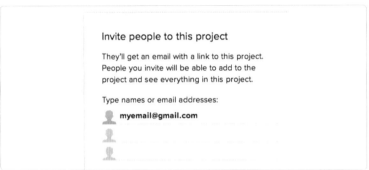

그림 3-27 37signals에서 만든 Basecamp는 위와 비슷한 상황에서 기대한 대로 동작한다. 이메일 주소를 복사해야 할 때 'Jane Smith <my-email@gmail.com>' 같은 문구를 붙여넣으면, 시스템에서는 이메일만 남기고 나머지 부분을 모두 지워 준다. (제공: Harpal Singe, Little Big Details)

드롭다운 메뉴 같은 목록에서 항목의 순서를 정할 때는 주의를 기울여야 한다. 때로는 알파벳 순서나 최근에 사용한 항목 순서처럼 미리 정해져 있는 방식을 따르는 게 말이 될 때도 있다. 하지만 그렇지 않은 경우에는 언뜻 보기엔 논리적이지 않아 보이는 방식이 더 나을지도 모른다. 이를테면 사용자 대부분이 미국에 살고 있다면, 그들이 국가를 선택해야 할 때 미국United States을 선택하기 위해서 'U' 앞의 알파벳 20자 분량의 목록을 스크롤하게 만드는 것은 말이 안 된다. 이성적인 결정으로 보이지는 않더라도, 미국을 목록의 맨 앞에 두거나 기본 선택 항목으로 만드는 편이 좋다.

때로는 하나의 조작에 대한 장치를 두 개 이상 만들어 두는 게 좋을 때도 있다. 특히 사용자가 자주 사용하게 될 마이크로인터랙션의 경우에는, 빠른 명령을 디자인에 포함시키는 게 좋다. 데스크톱 소프트웨어의 경우, 전통적으로 이는 프로그램을 종료Quit하기 위해서 Command-Q[10]를 누르면 되는 것처럼 단축 키의 형태로 나타난다. 한편 터치 스크린 기기나 트랙 패드의 경우 빠른 명령은 (보통 멀티터치 기능을 통한) 사용자의 동작을 통해서 실행된다. 이때 사용 흐름에 중요한 영향을 미치는 조작이 단축 명령 아래 숨겨져 있지 않도록 하는 게 중요하다. 그런 중요한 기능은 사용자가 직접 보고 조작해서 실행할 수 있어야 한다.

오류 예방

동작규칙의 주요 역할 중 하나는 사용자의 오류를 막는 것이다(그림 3-28과 그림 3-29 참조). 마이크로인터랙션은 '포카요케' 원칙을 따라야 한다. 포카요케는 토요타의 전설적인 기술자인 시게오 신고가 1960년대에 주창한 개념이다.[11] 포카요케 원칙에 따르면 어떤 제품이나 절차는 사용자가 실수를 저지를 수 있는 상황이 애당초 생기지 않도록 함으로써 오류 상황 자체가 원천적으로 일어나지 않도록 디자인되어야 한다. 포카요케가 적용된 실제 사례로는 애플의 라이트닝 케이블이 있다. 이전에 사용되던 30핀 전원 케이블이나 USB 플러그와 달리, 라이트닝 케이블을 아이폰iPhone이나 아이패드iPad에 꽂을 때는 앞뒷면 어느 쪽으로도 꽂을 수가 있다. USB와 달리 어느 쪽으로 돌려 꽂아도 되기 때문에, 사용자가 플러그가 뒤집어진 것을 모르고 꽂으려고 애쓰는 상황은 원천적으로 일어나지 않는 것이다.

10 (옮긴이) 애플의 Mac OS에서 사용하는 형태의 단축 키이다. 윈도우 OS에서 쓰이는 Alt-F4 단축 키와 마찬가지로 대부분의 소프트웨어에서 따로 메뉴를 탐색할 필요 없이 바로 어플리케이션을 종료시키는 기능을 한다.

11 (옮긴이) 포카요케(ポカヨケ, poka-yoke)는 '실패를 방지하다(ぽかを避ける, 포카오요케루)'라는 문구의 일본식 축약어이다.

그림 3-28 Gmail에서는 보내는 이메일 본문에 첨부에 대한 언급이 있는데 실제로 첨부된 파일이 없다면 알림창을 띄워준다. (제공: Little Big Details)

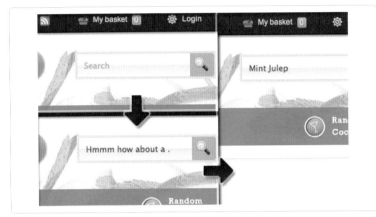

그림 3-29 Make Me a Cocktail에서는 검색창에 아무것도 입력하지 않은 채로 검색 버튼을 누르면, 오류 메시지나 텅 빈 페이지를 보여 주는 대신에 임의의 칵테일을 보여 준다. (제공: Nick Wilkins, Little Big Details)

이와 마찬가지로, 마이크로인터랙션을 디자인할 때도 동작규칙 자체가 사용자의 실수를 방지할 수 있도록 설계하는 게 좋다(그림 3-30). 이는 사용자의 조작과 입력을 제한한다는 것을 의미할 수도 있지만, 마이크로인터랙션에 있어서는 사용자의 선택권을 줄이는 편이 나은 경우가 훨씬 많다.

그림 3-30 iOS에서 동작하는 Dropbox는 배터리가 거의 떨어져가면 업로드 기능을 일시적으로 정지한다. (제공: Little Big Details)

이상적으로 말하자면, 마이크로인터랙션은 사용자가 잘못 조작할 수 있는 여지를 하나도 남기지 않고 디자인되어서 사용자의 (항상 옳은) 입력에 대해서는 오류 메시지를 표시할 일이 없어야 한다. 그렇게 되면 오류 메시지를 표시하는 것은 오직 시스템이 제대로 반응할 수 없을 때뿐이다. 팝업 형태로 뜨는 오류 경고창은 만든 사람이 게으르다는 것을 의미한다. 오류 상황이 생겼다면, 마이크로인터랙션은 우선 그 상황을 해소하기 위해서 가능한 한 모든 지원을 해야 한다(그림 3-31 참조).

동작규칙을 이용하면 사람들이 그 마이크로인터랙션을 의도하지 않은 방법으로 쓰려고 하는 것을 막을 수 있다(그림 3-32, 그림 3-33 참조).예를 들어, 댓글 입력창에 욕설에 해당하는 단어들을 입력할 수 없게 하는 것도 한 가지 사례다.

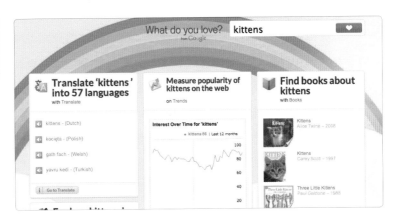

그림 3-33 트위터에서는 사용자가 그 서비스를 악용하지 못하도록 똑같은 메시지를 두 번 연달아서 보내지 못하도록 한다. 이전에 동일한 메시지가 있었는지를 사용자가 전송 버튼을 누르기 전에 알려 주면 더 좋겠지만, 그러려면 시스템 자원을 더 많이 써야 할 것이다. (제공: Sindre Sorhus, Little Big Details)

그림 3-34 마이크로소프트 파워포인트의 '리본' 메뉴에서 투명도를 조절하는 슬라이드 바. 여기에는 사용자가 슬라이드 바를 움직일 때 대상을 더 투명하게 만들고 있는지 반대로 덜 투명하게 만들고 있는지에 대한 설명이 전혀 없다. 슬라이드 바에 대한 조작을 끝마친 다음에야 변경된 투명도가 적용된다. (제공: Jack Moffett)

마이크로카피

마이크로카피microcopy, 즉 레이블이나 안내문과 같은 자잘한 문구들은 동작규칙을 이해하는 데 중요한 역할을 담당한다. 마이크로카피는 고정된 피드백feedback이나 피드포워드feedforward의 일종이다. 마이크로카피 하나가 마이크로인터랙션 전체를 이룰 수도 있는데, 페이스북의 좋아요 '버튼'이 그 사례이다. 좋아요 마이크로인터랙션은 결국 '좋아요'라는 파란색 단어가 전부인 것이다.

시스템 트리거를 이용하면, 사용자에게 정말 유용한 마이크로카피가 꼭 필요한 순간에 나타나게 만들 수 있다. 예를 들어, 회사 웹사이트의 연락처 페이지를 업무 시간이 아닐 때에 방문하게 되면 전화번호 옆에 '죄송합니다. 지금은 업무 시간이 아닙니다.'라는 메시지가 나타나게 할 수 있다. 이 자체도 물론 하나의 마이크로인터랙션이 된다.

거의 모든 마이크로인터랙션에 있어서 무엇보다 중요한 것은 포함된 문구 하나하나가 정보 전달에 반드시 필요한지를 명확히 하는 것이다. 마이크로인터랙션에 포함된 안내문에 그다지 내용이 없는 경우도 심심치 않게 찾아볼 수 있다. 로그인 양식에는 사용자가 무슨 일을 할 수 있는지를 설명한다고 그 위에 따로 '로그인하십시오.'라는 문구를 넣지 않는 경우가 보통이다. 뭔가 문구를 넣어야 한다면, 되도록 짧게 넣도록 하자. 윈스턴 처칠Winston Churchill이 적절하게 언급했듯이 "말은 간결할수록 좋고, 간결하고도 오래된 경구가 그중의 최고다."

레이블만으로도 충분한 경우에는 절대로 안내문을 사용하면 안 된다. '다음' 혹은 '계속'이라는 레이블이 붙은 버튼이 있다면, '다음 단계로 가려면 다음 버튼을 누르세요'라는 안내문을 표시할 필요가 없다. 어떤 정보를 위한 레이블이 공간 문제로 일부가 잘려서 표시되지 않는다면, (데스크톱 PC나 웹앱의 경우) 마우스 커서를 올리거나 (모바일의 경우) 탭이나 클릭을 통해서 전체 정보를 볼 수 있는 방법이 제공되어야 한다. 특히 물리적인 버튼의 경우, 단어 하나를 넣을 공간도 부족해서 그 단어의 일부 철자만 적어 넣는 바람에 장난스럽게 만들어진 자동차 백넘버판 같이 보이게 되는 경우가 종종 있다.[12] 이런 접근 방법은 그다지 추천하지 않는다. 단어 하나를 넣을 공간도 없다면, 대신 아이콘을 이용하는 것을 고려해봄직하다.

잘못 해석될 수 있는 레이블을 피하는 것도 중요하다. 이를테면 사진 공유 서비스인 플리커Flickr에서는 사진을 넘겨 보기 위해서 '←이전'과 '다음→' 두 가지 기능을 제공한다. 하지만, '이전' 기능을 클릭하면 지금 보는 사진 다음으로 새로운 사진이 나오고, '다음' 기능을 클릭하면 지금 보는 사진 다음으로 오래된 사진이 나온다.

대부분의 경우 레이블을 표시하기 가장 좋은 곳은 조작해야 할 대상의 바로 윗부분이다. 두 번째로 좋은 위치는 조작할 대상 자체에 표시하는 것이다. 이는 루크 로블르스키Luke Wroblewski의 글 「Top, Right, or Left-Aligned Form Labels」과 「Web Form Design: Labels Within Inputs」에서 나온 내용과도 일치한다. 이런 배치는 레이블과 조작할 대상을 한눈에 볼 수 있게 해준다. 다시 말해서 눈으로 레이블과 조작

12 (옮긴이) 여기에 해당하는 사례로는 전원power 버튼임을 표현하기 위해서 작은 버튼 위에 PWR라고 표시하거나, 빨리감기fast forward 기능을 FWD로 표시하는 것 등이 있다.

대상 사이를 오가는 데에 시간을 쓰고 머릿속으로 그 둘을 연관지어야 할 필요가 없다는 것이다.[13] 하지만 전통적으로 아이콘은 그 아래에 레이블을 놓는 것으로 굳어져 있다.

레이블을 문자 입력란 안에 넣는 것은 조심하도록 하자. 사용자가 문자를 입력하려고 입력란을 클릭하면 레이블은 사라지게 되며, 입력란에 무슨 내용을 입력해야 하는지를 잊어버린 경우에는 레이블을 다시 보여 줘야 한다. 이때 문자 입력란의 바깥 부분을 클릭하는 것만으로 레이블이 다시 표시되지 않는다면, 달리 그 레이블을 확인할 수 있는 쉬운 방법이 없다. 입력란 위에 레이블을 표시(예: 장난감 검색)하거나 그 옆에 놓인 버튼 위에 표시(예: 장난감 검색하기)하고 입력란 자체에는 예시 문구(예: '보드 게임, 레고, 인형')를 포함시키는 편이 나은 경우가 많다.

안내문에 사용된 표현은 조작부의 명칭과 정확히 일치해야 한다. 이를테면 안내문에는 '상품을 쇼핑 카트에 추가하십시오.'라고 해놓고 버튼에는 '상품 추가'가 아니라 '물품 구매'라고 적어 놓으면 안 된다.

가능하다면, 정확한 기술보다 상대적인 설명을 적용하는 게 좋다. 정확한 날짜와 시간을 표시해서 사용자가 머릿속으로 그 내용을 해석하고 그게 언제였는지를 계산하게 만드는 것보다, '3시간 전'이라고 표시하는 편이 훨씬 이해하기가 쉽다(물론 그림 3-35에서 볼 수 있는 것처럼 정확한 날짜와 시간이 필요한 경우에는 모호한 표현을 피해야 한다).

일부러 사람들을 헷갈리게 하거나 착각하게 만들려는 게 아니라면, 이중 부정이나 심지어 그보다 많은 수의 부정적인 표현을 함께 사용하는 일이 없어야 한다. 이를테면 '뉴스레터의 구독을 중지하려는 게 아니라면, 이 체크박스의 선택을 해제하지 마십시오.'라는 식의 표현은 사용하지 말아야 한다.

13 시선 고정에 대해서 더 알고 싶으면 『Advances in Consumer Research』의 1978년 판 5권의 561~570쪽에 실린 J. 에드워드 루소J. Edward Russo의 논문 「Eye Fixations Can Save the World: A Critical Evaluation」과 「A Comparison Between Eye Fixations and Other Information Processing Methodologies」을 참조하라.

Dear Budge,

The latest that I wake up is [8am ▼] so please don't send me any text messages before then.

The earliest I go to bed is [10pm ▼] so please don't send me any text messages after that.

Otherwise, I get grumpy.

Glad I got that out of the way.

The other things is, I [sorta hate ▼] getting email, I [LOVE ▼] getting text messages, I [am okay wit ▼] getting direct messages on Twitter, I [am okay wit ▼] public replies on Twitter, and I [sorta hate ▼] getting phone calls.

Got it?

Your friend,

paula

알고리듬

1832년, 구두 제작자의 아들로 태어나 독학으로 공부한 17세 소년 한 명은 '사람의 마음이 어떤 기계적인 원칙에 의해서 동작함으로써 머릿속에 지식을 축적하는지'에 대해서 깨달았다. 22년 후, 대학 교수가 된 그 영재 소년은 그의 기념비적인 논문 「논리와 확률에 대한 수학적 모델의 기초가 되는 생각의 법칙에 대한 연구An Investigation of the Laws of Thought, On Which Are Founded the Mathematical Theories of Logic and Probability」를 발표한다. (다른 중대한 발견들과 마찬가지로, 이 논문도 처음 발표됐을 때에는 비판과 반박의 대상이 되거나, 단순히 무시되었다.) 그 교수의 이름은 조지 부울George Boole로, 오늘날 우리가 알고 있는 부울리언 논리법Boolean Logic를 만들어 낸 사람이다.

부울이 창안한 것은 AND, OR, NOT이라는 세 가지 기본적인 연산을 이용하는 일종의 언어적인 대수학이다. 이들 연산은 알고리듬algorithm

을 생성하는 기본을 이룬다. 알고리듬에 대해서는 크리스토퍼 스타이너Christopher Steiner의 저서 『Automate This: How Algorithms Came to Rule Our World』에 다음과 같이 잘 기술되어 있다.

> 어떤 결정을 내리기까지의 복잡하고 위계적인 판단 구조는 연속적으로 벌어지는 단순하고 이분법적인 결정들로 이루어져 있다. 자동차를 운전하는 것부터 주식 거래나 결혼 상대를 찾는 일에 이르기까지 우리가 행하는 거의 모든 일은 이분법적인 입력에 의거해서 이루어지는 일련의 이분법적인 결정들로 나누어질 수 있다.
>
> (중략)
>
> 모든 알고리듬의 핵심에는 어떤 이상적인 결과를 내기 위해서 기계적으로 수행해야 하는 일련의 지시 사항이 들어 있다. 어떤 알고리듬에 정보를 입력하면, 그에 대한 답변이 나온다.

동작규칙 자체도 크게 보면 일종의 알고리듬이라고 생각할 수 있지만, 어떤 마이크로인터랙션은 특정한 알고리듬이 있어야만 실행된다. 예를 들어 검색을 생각해 보자. 검색 결과를 정렬하는 순서도 물론이지만, 자동완성autofill 같은 경우에는 전적으로 알고리듬에 의해서 만들어진다(그림 3-36 참고). 상품 추천, 길 안내, 자주 공유하는 항목, 많이 읽은 기사 등의 기능은 모두 알고리듬에 의한 기능이다. 나이키 퓨얼밴드Nike FuelBand를 사용할 때 모이는 나이키 퓨얼 포인트NikeFuel points 같이 브랜드와 밀접한 관련이 있는 기능이라든가, FiftyThree의 훌륭한 아이패드 앱인 Paper에 포함되어 있는 색상 선택 기능 같은 경우도 알고리듬의 산물이다.[14]

전통적으로 이런 알고리듬은 기술자에 의해 만들어졌지만, 점점 더 많은 제품들이 알고리듬에 의존하게 되면서, 자연스럽게 알고리듬을 설계하는 업무 자체에도 디자이너들이 관여하게 되었다. 무엇보다, 아

14 크리스 댄넌(Chris Dannen)이 'Fast Company' 2012년 11월 8일자에 실은 「The Magical Tech Behind Paper For iPad's Color-Mixing Perfection」 참조

름답게 만들어진 검색 마이크로인터랙션도 검색 결과 자체가 나쁘다면 의미가 없는 것이다.

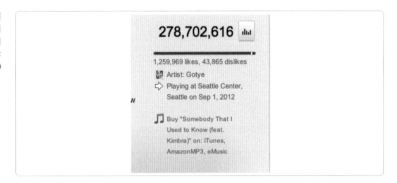

알고리듬 뒤에 숨어 있는 코드는 여기에서 다루기에는 너무 복잡한 주제지만, 알고리듬에서 고려해야 할 항목을 정하는 것은 그만큼 복잡하지 않다. 모든 알고리듬은 네 가지 주요 부분으로 나누어 생각할 수 있다.

- 순서
  진행 과정 중에 필요한 단계들은 무엇인가? 항목들 간의 순서는 어떠한가? 특정 조건하에서만 수행되는 조건부 동작이 있는가? 나이키 퓨얼 밴드 같은 기기의 경우 '기기에 포함되어 있는 가속도 센서에 의한 입력이 두 번 들어 오면 나이키 퓨얼 포인트를 1점 추가한다.'는 식의 항목이 포함되어 있을 수도 있다.
- 판단
  알고리듬에는 일반적으로 '만일 …하면 …한다(if..then)'는 구문이 있기 마련이다. 이를테면 '자정이 되면 시스템을 재가동한다'는 내용이 여기에 해당한다.

- 반복

  그 알고리듬이 반복되는 방식은 어떤가? 알고리듬 전체가 반복될 수도 있지만, 특정 부분만 반복할 수도 있다. 이를테면 사용자가 검색 입력창에 검색어를 입력할 때, 새로운 문자가 검색어에 추가될 때마다 그 검색 결과를 갱신하는 방식이 한 가지 사례다.

- 변수

  알고리듬은 정보에 따라 동작하며, 정보는 변수에 담겨 보관된다. 변수를 어떻게 정의하느냐에 따라 알고리듬을 완전히 다시 쓰지 않고도 알고리듬의 흐름을 조정할 수 있다. 변수의 예시로는 검색 결과의 개수라든가 어떤 기능을 수행하는 데 걸린 단계의 수 등이 있을 수 있다. 변수는 숫자거나, 문자열이거나, 논리값(참/거짓)일 수도 있다.

이 모든 요소를 하나의 그림으로 놓고 보기 위해서, 추천 음악을 화면에 표시해 주는 마이크로인터랙션을 생각해 보자. 여기에서 필요한 내용 중에는 표시할 음악의 종류라든가 화면상에 나열할 순서 등이 있을 수 있다. 하나의 장르에 속하는 음악만 표시하는가? 새로운 음악이 오래된 음악보다 먼저 표시되어야 하는가? 사용자가 어떤 음악가의 음악을 이전에 들은 적이 있는지 여부도 그 음악을 추천할지 말지를 판단하는 기준이 된다. 이 알고리듬은 추천 항목이 모두 채워질 때까지 반복해서 실행될 수 있다. 이때 사용되는 변수로는 장르, 음악가, 앨범 이름, 그 음악을 들었는지 여부, 비슷한 음악, 곡의 빠르기 등 음악을 추천하는 데 사용할 수 있는 온갖 특성이 포함될 수 있다. 표시할 추천 음악의 개수라든가 새 음악과 오래된 음악의 비중 등도 변수에 포함될 수 있다.

　정보나 변수가 알고리듬의 수행에 어떤 영향을 미치는지를 사용자가 알고 필요한 경우 값을 직접 조정할 수 있다면 매우 유용할 것이다. 일례로 나이키 퓨얼 밴드가 어떻게 퓨얼 포인트를 획득하는지 알게 되면, 사용자는 그에 맞춰 행동량을 늘릴 수 있다(나이키 퓨얼 밴드의 동작에 관한 변수는 아직까지 잘 알려져 있지 않다). 물론 구글의 검색 알고리듬 같은 경우는 아주 복잡해서 말로는 간단하게 설명할 수 없으며, 특히 마이크로카피를 통해서 설명하기란 불가능하다.

중요한 것은 마이크로인터랙션 디자인을 설계함에 있어서 사용자가 의도한 작업을 염두에 두고, 어떤 정보나 내용이 가장 가치가 있는지 파악한 다음, 그런 인간 중심의 가치가 알고리듬에 반영되도록 하는 것이다. 알고리듬이 그런 가치가 아닌 효율성만을 위해서 쉽게 설계되는 경우가 너무 많다.

문제는 사용자의 입장에서는 동작규칙이 눈에 보이지 않는다는 점이다. 사용자가 동작규칙의 존재를 느끼게 되는 경우는 애플이 '다른 이름으로 저장' 마이크로인터랙션을 바꿨을 때처럼 뭔가 큰 변화가 생기거나, 시스템이 이런저런 피드백을 제공할 때뿐이다. 피드백은 이어지는 다음 4장에서 자세히 다룬다.

요약

동작규칙은 마이크로인터랙션을 설명함에 있어서, 그 구현 기술이 아닌 사용자 관점에서의 모델을 표현한다. 이는 그 마이크로인터랙션을 통해 어떤 기능을 수행할 수 있고 어떤 기능은 수행할 수 없는지, 그리고 어떤 순서로 그런 기능들이 구성되어 있는지를 정의한다.

동작규칙은 제약점을 반영한다. 사업상의 제약, 맥락에 따른 제약, 기술적인 제약 등이 고려되어야 한다.

백지에서 시작하지 말것. 사용자와 플랫폼, 사용환경에 대해서 알고 있는 내용을 활용해서 마이크로인터랙션을 개선할 수 있다.

복잡성을 제거하려면 조작 장치를 최소한으로 줄이는 게 좋다.

선택 항목을 줄이고 기본값을 잘 준비해야 한다. 선택 항목이 많아지면 동작규칙도 많아진다.

각각의 조작 대상에 대한 상태를 정의해야 한다. 시간이나 상호작용에 따라서 그 항목이 어떻게 변하는가?

인식상의 단순함을 추구해야 한다. 보다 적은 항목으로 보다 많은 기능을 할 수 있도록 하자.

동작규칙을 이용해서 오류를 예방할 수 있다. 애당초 사용자가 실수하는 일이 없도록 해야 한다.

지시문은 짧아야한다. 단순한 레이블만으로도 충분한 경우에는 절대로 안내문을 사용하면 안 된다.

알고리듬을 정의하는 과정에 참여하라. 코드의 형태로 이루어지는 의사 결정에 인간 중심의 가치가 반영되도록 해야 한다.

4 피드백

56세의 한 남성이 주먹으로 기계의 유리를 깼다. 그는 보안 요원에게 "예, 내가 그 기계를 부순 거 맞아요. 그리고 할 수만 있다면 또 그럴 겁니다."라고 말했다(이 남성은 90일 구금 형을 받았다). 59세의 다른 남성 더글라스 배스티스트도 같은 기계에 소변을 눠서 망가뜨린 죄로 체포되었다. 어떤 여성은 이 기계를 세 번 때려서 1,800달러 상당의 손해를 끼쳤다.[1] 67세의 알버트 리 클라크의 경우에는 우선 직원에게 항의했지만 만족할 만한 답변을 듣지 못하자 자동차에서 총을 꺼내 들고 다시 돌아와서 그 기계를 향해 몇 차례 발포했다.[2]

도대체 어떤 기계가 이 정도로 사람들의 분노를 유발한 것일까? 바로 슬롯머신slot machine이다.

슬롯머신은 수십억 달러가 오가는 사업이다. 슬롯머신은 사람들이 건 돈 10달러 중에서 7달러를 벌어 들인다. 슬롯머신이 벌어들이는 돈을 모두 합치면 수백억 달러에 이르는데, 이는 영화나 게임은 물론 심지어 포르노 같은 다른 엔터테인먼트 산업의 수익 규모를 훨씬 뛰어넘는 것이다.[3] 분명 마이크로인터랙션을 기반으로 하는 기계라고 말할 수 있는 슬롯머신이 사람들로부터 돈을 긁어모으는 일을 이렇게 잘 하

1   2012년 7월 13일 뉴욕타임스에 Sarah Maslin Nir이 기고한 글 「Failing to Hit Jackpot, and Hitting Machine Instead」

2   2012년 2월 13일 Associated Press 기사 「Man charged with shooting slot machine」

3   2004년 5월 9일 뉴욕타임스에 Gary Rivlin이 기고한 글 「The Tug of the New-fangled Slot Machines」

는 이유는 그 기계가 제공하는 피드백 덕택이다. 이 기계가 주는 피드백은 대부분 (사실상 전부) 플레이어가 가능한 한 오랫동안 그 기계를 사용하도록 하기 위한 음험한 목적을 가지고 특별히 디자인되어 있다.

슬롯머신을 한 번도 사용해 보지 않은 사람을 위해서 설명하자면, 슬롯머신은 다음과 같은 방식으로 움직인다. 사용자가 동전이나 지폐, 혹은 최근에 만들어진 제품의 경우라면 바코드가 찍혀 있는 종이로 된 표를 기계 안에 넣는다. 버튼이나 터치스크린을 누르거나 레버를 당기면(즉, 트리거를 동작시키면) 서로 독립적으로 움직이는 것처럼 보이는 세 개 이상의 원통이 회전하기 시작한다. 몇 초 후 그 원통들이 회전을 멈췄을 때, 원통에 나타난 표식들이 어떤 특정한 배치(예: 모든 원통에 같은 표식이 나타나는 경우)를 이루면, 그 사람은 도박에서 이기게 되고 슬롯머신에서 돈이 쏟아져 나온다. 완전히 몰입하고 있는 플레이어는 한 시간에 이를 수백 번 반복할 수 있다.

사실을 말하자면, 슬롯머신의 동작규칙은 운영자의 편의에 맞춰서 조작되어 있다. 통계적으로 슬롯머신은 절대로 사람들이 지출한 금액의 90% 이상을 지급하지 못하게 되어 있다. 즉 피드백상으로는 그렇게 보이지 않을지 몰라도, 사실 그 원통들은 아무렇게나 동작하는 게 아니라는 것이다. 만일 그 원통들이 겉으로 보이는 것처럼 동작한다면, 사람들에게 지급되는 금액의 비율은 185% 내지 297%에 이를 것이다. 이는 물론 카지노 주인의 입장에서는 달갑지 않은 일이다. 원통들은 '설정된 가중치 안에서 임의로' 동작한다. 원통에서 지급액이 낮은 표식과 빈칸은 지급액이 높은 표식에 비해서 자주 나타난다. 다시 말해서 지급액이 높은 표식은 원통이 실제로 임의로 동작했을 때보다 낮은 확률로 나타난다는 것이다. 플레이어는 기계에서 제공하는 피드백 덕택에 이 비중이 실제로 어떤지는 전혀 생각하지 못한다. 나란히 놓어 있는 같은 모델의 기계도 그 가중치는 완전히 다른 방식으로 부여 될 수 있다. 최근 만들어지는 슬롯머신은 네트워크에 연결되어 있어 서, 심지어 가중치를 실시간으로 원격 조작할 수도 있다.[4]

사용자가 기계의 트리거를 어떤 식으로 조작하든 간에(레버를 좀 더 세게 당긴다든가), 그 결과에는 영향을 미칠 수 없다. 어떤 슬롯머신은 멈춤 버튼까지도 갖추고 있어서 원통들이 회전하고 있을 때 '직접' 회전을 멈출 수 있게 되어 있다. 하지만 이것 역시 결과에는 영향을 주지 못하며, 단지 조작을 하고 있다는 환상을 심어 줄 뿐이다.[5]

슬롯머신의 원통들은 플레이어가 돈을 따는 것을 막기 위해서 가중 치가 부여되어 있을 뿐만 아니라, '거의 딸 뻔한' 곳에 원통을 멈칫거리 거나 돈을 크게 딸 수 있는 조합에서 딱 하나가 부족한 실패 상황(그림 4-1)을 자주 연출함으로써 도박 연구가 케빈 해리건Kevin Harrigan이 명명 한 'Aww Shucks' 효과[6]를 유도한다. 이를테면, 세 개의 원통 중에서 두 개가 같은 표식을 가리키고 있지만 세 번째 원통이 빈칸이 나오는 경

4   2006년 4월 12일 뉴욕타 임스에 Matt Richtel이 기고 한 글 「From the Back Office, a Casino Can Change the Slot Machine in Seconds」

5   이 내용은 모두 Kevin Harrigan의 2009년 저서, 「The Design of Slot Machine Games」에 실려 있다.

6   (옮긴이) 의성어(aww, 아쉬울 때의 탄식)와 비속어 (shucks, 아뿔싸, 젠장)의 조 합이다.

그림 4-1 '거의 딸 뻔한' 상황의 사례 (제공: Marco Verch)

우가 그렇다. 물론 이런 식으로 거의 딸 뻔한 상황이 자연스럽게 나타날 확률도 있지만, 실제로는 그보다 12배 더 높은 확률로 나타난다. 연구에 의하면 이런 상황은 사람들의 두뇌에서 게임에서 이겼을 때 활성화되는 부분을 (실제로 이긴 것이 아님에도 불구하고) 자극함으로써 더 많은 돈을 걸게 만든다.[7]

사람들이 돈을 따는 경우가 생겨도, 보통은 적은 금액을 받게 된다. 하지만 거기에 따르는 피드백은 딴 금액과 어울리지 않게 번쩍이는 불빛과 요란한 소리를 동반함으로써, 그 플레이어가 뭔가 대단한 횡재를 한 것처럼 느끼게 한다. 특히 그 음향은, 뉴욕타임스에 실린 슬롯머신 디자이너 조 카민코프Joe Kaminkow에 대한 기사에 다음과 같이 묘사되어 있다.

7 L. Clark, A. Laurence, F. Astley-Jones, N. Gray 공저, 「Gambling near-misses enhance motivation to gamble and recruit brain-related circuitry」「Neuron」 제61호 (2009)

> 카민코프가 오기 전에도 슬롯머신 제조업체 I.G.T.에서 만드는 기계가 조용했던 것은 결코 아니었지만, 터져 나오는 듯한 밝은 음향처럼 특수 효과의 잠재력을 모두 활용하지는 못했다. 카민코프는 모든 동작마다, 바퀴가 돌아가는 매 순간마다, 결과가 나올 때마다 각각 독특한 음향이 나오도록 했다. 카민코프가 1999년 I.G.T.에 처음 왔을 때 슬롯머신에는 보통 15가지 음향 효과가 설정되어 있었다. 오늘날 슬롯머신에 설정되는 음향 효과는 400가지에 달한다. 그리고 플레이어가 게임을 진행하면 할수록 음향은 더 빠르고 커진다.[8]

8 Gary Rivlin이 뉴욕타임스에 기고한 글 「The Tug of the Newfangled Slot Machines」

슬롯머신 마이크로인터랙션은 그 피드백을 통해서 사용자의 행동을 간헐적으로 강화해 주기 때문에 매우 중독성이 강하다. 슬롯머신 플레이어는 결국 돈을 어느 정도 딸 때까지 동일한 동작을 반복적으로 수행한다. 슬롯머신을 사용할 때 그 결과를 예상할 수 있다면, 예를 들어서 계속해서 두 번에 한 번씩 돈을 딴다면 플레이어는 금방 따분하고 지겨워할 것이다. 사람들이 계속해서 돈을 거는 이유는 돈을 따는 경우를 절대 예측할 수 없고, 아주 적은 확률이지만 큰 돈을 딸 수 있는 기회가 있다는 점 때문이다. 사실 슬롯머신이 아닌 일반적인 경우라면, 이렇게 긍정적인 피드백만 퍼부어서 사용자의 행동을 끊임없이 부추기는 것은 마이크로인터랙션의 역할이 아니다. 보통 마이크로인터랙션은 사용자가 그 동작규칙을 예측할 수 있도록 하는 게 중요한 역할이다.

슬롯머신의 사례는 피드백이 갖고 있는 극단적으로 강력한 힘, 즉 피드백은 마이크로인터랙션을 창조할 수도 있고 파괴할 수도 있다는 것을 보여 준다. 레버를 계속해서 당기는 반복적이고 따분한 작업도 시각적인 효과와 음향이 더해지면 몰입해서 즐길 수 있는 경험으로 바뀔 수 있는 것이다. 물론 사람들은 정신이 아뜩해질 만한 금전적인 이득을 바라고 슬롯머신을 즐기는 것이고, 우리도 모든 마이크로인터랙션이 번쩍번쩍하고 요란스러운 슬롯머신 같기를 바라지는 않는다. 하지만 슬롯머신의 사례는 중요한 교훈을 주는데, 바로 피드백이 마이크로인터랙션에 개성을 부여한다는 점이다.

피드백은 동작규칙을 부각시킨다

의도적으로 동작규칙을 감추도록 만들어진 슬롯머신의 경우와는 달리, 마이크로인터랙션에 있어서 피드백의 진정한 목적은 사용자들이 그 마이크로인터랙션의 동작규칙을 이해하도록 돕는 것이다. 사용자가 버튼을 누르면, 두 가지를 표시하는 반응이 있어야 한다. 첫째, 버튼이 눌렸다는 것. 둘째, 버튼이 눌림으로 인해서 생긴 일(그림 4-2). 슬롯머신은 첫 번째 정보(레버가 제대로 당겨졌다는 것)는 분명히 전달하지만, 두 번째 정보(그로 인해서 기계 안에서 무슨 일이 벌어지고 있는지)는 알려 주지 않는다. 그도 그럴 것이 만일 사용자들이 두 번째

정보를 알게 된다면 슬롯머신을 적어도 지금처럼 많이 사용하지 않을
것이다. 하지만 피드백은 마이크로인터랙션이 실제로 어떻게 동작하
는지(실제로 어떤 동작규칙을 갖고 있는지)를 반드시 있는 그대로 전
달해야 하는 것이 아니며, 단지 사용자가 그 마이크로인터랙션에 대한
그럴듯한 멘탈모델mental model을 생성할 수 있는 정도면 충분하다. 트리
거의 어포던스affordance와 함께, 피드백은 사용자가 그 마이크로인터랙
션을 통해서 할 수 있는 일과 할 수 없는 일을 알려 줘야 한다.

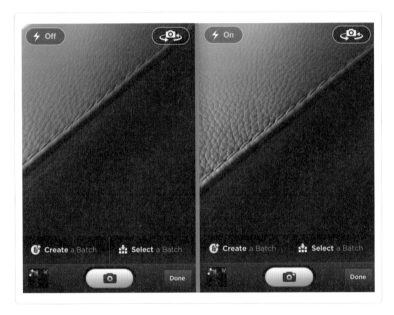

그림 4-2 Batch에서는 플래시 기능이 활성화되어 있을 때 셔터 버튼에 나타나는 카메라 아이콘에 흰색 플래시 표시가 나타난다. (제공: Little Big Details)

여기에는 한 가지 문제가 있는데, 마이크로인터랙션을 디자인할 때는
눈속임을 위해서라든가 하는 적법하지 않은 이유 외에도 사용자가 그
동작규칙이 어떻게 작동하는지를 모르게 하고자 할 때가 있다. 사용자
는 매번 센서가 가동하거나 기기가 정보를 받아 올 때마다 그 사실을
알아야 할 필요는 없다. 뭔가 중요한 변화가 있을 때만 알려 주면 충분
한 것이다. 예를 들어서 새로 도착한 메일이 없다는 사실을 매번 확인

할 때마다 표시하기보다, 새 메일이 도착했을 때만 알려 주면 된다. 마이크로인터랙션에 있어서 피드백의 첫 번째 원칙은 피드백을 통해서 사용자에게 지나친 부담을 주지 않는 것이다. 진행 중인 상황을 알려 주기 위한 최소한의 피드백은 어떤 것인지를 늘 생각해 보자(그림 4-3 참조).

피드백은 사용자의 니즈에 따라 움직여야 한다. 사람들은 어떤 내용을 언제 (얼마나 자주) 알고 싶어 하는가? 그리고 나서 그런 피드백을 어떤 형식으로 표현할지를 디자이너가 결정하게 되는 것이다. 피드백에는 시각, 청각, 촉각 그리고 이들의 조합에 따라 여러 가지 형식이 있을 수 있다(그림 4-4와 그림 4-5 참조).

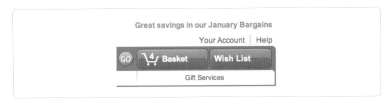

피드백이 일어나야 하는 경우는 다음과 같다.

- 수동 트리거가 작동한 직후, 사용자가 트리거를 조작하는 동안, 그리고 조작이 완료된 후. 사용자에 의해서 발생한 모든 동작은 시스템의 확인이 뒤따라야 한다(그림 4-6 참조). 버튼을 누르면 무슨 일이 일어났는지가 표시되어야 한다.

그림 4-6 Pixelmator의 색상 선택 도구는 사용자가 선택한 색상을 아이콘에 표시되는 스포이드 자체에 표시한다. (제공: Little Big Details)

- **마이크로인터랙션이나 주변 조건에 중대한 변화를 일으킨 시스템 트리거가 작동했을 때.** 중대한 정도에 대한 판단은 맥락에 따라 다르며 각 경우에 맞춰 디자이너가 결정해야 할 문제다. 어떤 마이크로인터랙션은 (필요에 따라) 사용자 모르게 배후에서 동작하기도 한다. 이메일 프로그램이 새로운 메일이 왔는지를 확인하는 기능이 그 사례로, 사용자는 그런 기능이 수행될 때마다 매번 알게 되기보다 새 메일이 왔을 때만 알기를 원할 것이다.
- **사용자가 정의된 동작규칙의 범위를 벗어나려고 할 때.** 오류가 생길 수 있는 순간들이 여기에 해당한다. 이상적인 조건에서는 그런 상황이 절대로 생기지 않겠지만, 사용자가 입력란에 잘못된 값(예: 잘못된 비밀번호)을 입력할 때와 같은 오류 상황은 준비해 두어야 한다. 목록을 끝까지 스크롤해서 더 이상 표시할 항목이 없는 상황도 이런 경우에 포함된다.
- **시스템이 명령을 수행할 수 없는 경우.** 예를 들어 네트워크 연결이 끊어지면, 인터넷을 통해서 메시지를 보내는 마이크로인터랙션은 동작하지 못한다. 이때 조심해야 할 것은 뭔가가 잘못되었다는 피드백을 제공하기 전에 시스템은 해당 명령을 수행하기 위해 여러

번 시도했을 수도 있다는 점이다. 이를테면 네트워크에 연결하려면 여러 차례 시도해야 하는 경우도 있는데, 이런 사실을 염두에 둔다면 오류 메시지를 표시하는 것은 그런 몇 차례의 시도가 모두 실패로 돌아갔을 때까지로 미루는 게 좋다.

- **시간이 오래 걸리고 중대한 작업의 진행 상황을 보여 주는 경우.** 예를 들어 마이크로인터랙션이 네트워크를 통한 업로드나 다운로드를 동반하는 경우, 그 수행에 필요한 시간을 어림잡아 표시하는 게 좋다(그림 4-7 참조).

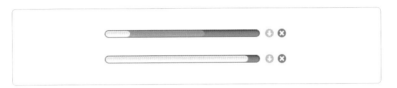

피드백을 제공하기 좋은 순간은 다음과 같다.

- **어떤 과정의 시작이나 끝.** 이를테면 어떤 항목에 대한 다운로드가 완료되었을 때가 여기에 해당한다.
- **모드가 시작하거나 끝날 때, 혹은 모드가 바뀔 때**(그림 4-8 참조).

마이크로인터랙션이 수행하는 내용을 피드백으로 명확하게 설명할 수 있는 순간을 찾아라. 피드백이 없다면 사용자는 마이크로인터랙션의 동작규칙을 절대로 이해할 수 없다.

사람을 위한 피드백

기계들끼리 주고 받는 피드백도 있기는 하지만, 우리가 관심을 갖는 피드백은 그 제품을 사용하는 사람에게 제시되는 피드백이다. 마이크로인터랙션의 경우 그런 메시지는 다음 중 하나에 해당한다.

- 뭔가가 일어났음
- 사용자가 뭔가를 했음
- 어떤 과정이 시작됐음
- 어떤 과정이 끝났음
- 어떤 과정이 진행 중임
- 사용자가 원하는 행동을 할 수 없음

어떤 메시지를 보낼지를 정하고 나면, 그림 4-9에서 4-11까지의 사례와 같이 그 메시지를 어떻게 표시할지 결정하는 일만 남았다. 제공할 수 있는 피드백의 유형은 전적으로 해당 마이크로인터랙션이 실행되는 기기의 하드웨어에 달려 있다. 휴대폰에서는 시각, 청각, 촉각적 피드백을 제공할 수 있다. 어떤 가전제품의 경우에는 오직 시각적 피드백인 표시등만 사용할 수 있다.

그림 4-9 인간은 얼굴에 반응한다. Boxee의 로고는 인터넷에 연결되지 않았을 때는 주황색으로 바뀌면서 잠이 든다. (제공: Emil Tullstedt, Little Big Details)

그림 4-10 Threadless의 쇼핑 카트에 표시된 얼굴은 사용자가 상품을 집어 넣으면 웃는 표정으로 바뀐다. (제공: Ahmed Alley, Little Big Details)

식기세척기 같은 마이크로인터랙션 기기를 예로 들어 보자. 식기세척기는 다음과 같은 방식으로 움직인다. 사용자가 세척 방식을 설정하고 식기세척기를 가동시키면, 식기세척기는 설거지를 수행하고 멈춘다. 만일 식기세척기가 가동하는 중간에 누군가 식기세척기의 문을 열면 식기세척기는 나름의 방식으로 불만을 표시한다. 화면을 갖고 있는 식기세척기의 경우, 각각의 동작이 진행될 때마다 화면에는 메시지를 표시할 수 있다(예: '세척을 진행 중입니다. 20분 후에 완료됩니다.'). 화면이 없는 경우에는 LED 표시등과 소리만으로 그런 메시지를 전달해야 한다. 그런 방법으로는 세척 중에는 표시등을 깜박이고 세척이 끝난 후에는 종소리를 내는 방식이 있을 수 있다.

　문자로 표시되는 피드백이 언제나 가능한 것은 아니다. (이를테면 화면이 없거나, 화면이 있어도 메시지를 표시할 공간이 없는 경우가 여기에 해당한다.) 또한 전세계의 인구 중 많은 사람들이(미국 중앙정보국에 따르면 그 수는 7억 9천 3백만 명에 이른다.) 글을 읽을 줄 모른다는 사실도 유념해야 한다. 일단 문자를 쓰지 않기로 한다면 음향, 아이콘, 그림, 불빛, 촉각 등 다른 방법을 써서 메시지를 전달해야 한다. 문자도 모호하고 오해의 소지가 있을 수가 있지만, 문자 외의 수단은 그야말로 다양한 해석의 가능성이 열려 있다. 표시등이 반짝이는 것은 무슨 뜻인가? 아이콘 색상이 바뀌었다면 무슨 의미를 전달하려고 하는 것인가? 어떤 피드백은 시간이 지남에 따라 그 명확한 의미를 학습하도록 해줄 수도 있다. 아이콘이 밝게 변했을 때 클릭하면 새로운 메시지가 왔다는 것을 알게 되는 식이다. 그러나 잘못 해석할 수 있는 피드백에 대해서 클릭하거나 하는 식으로 반응했을 경우, 어떤 '벌칙'이 있어서는 안 된다. 식기세척기의 반짝이는 표시등이 세척이 진행 중이라는 의미라는 것을 몰랐다고 해서, 사용자가 식기세척기의 문을 열었을 때 뜨거운 물을 뿌려 대면 안 되는 것이다. (여기서 굳이 신경과학의 관점을 언급하자면, 사실 오류에는 작업 효율을 높이는 효과가 있기는 하다. 사람은 결과가 기대했던 것과 다를 때 새로운 것을 배우게 되는 것이다.)

피드백의 두 번째 원칙은, 피드백을 뚜렷한 이유 없이 제공하면 절대로 안 된다는 것이다. 피드백은 언제나 사용자를 도와주기 위한 메시지를 전달해야 하며, 피드백을 야기한 사용자의 동작과 그로 인해 제공된 피드백 사이에는 밀접한 관계가 있어야 한다. 기기의 전원 버튼을 눌렀을 때 삐 소리가 난다면, 트리거(버튼을 누르는 것)나 그로 인한 동작(기기의 켜지는 것)은 결과 음향(삐-하는 소리)과 아무 관련이 없으며, 따라서 그 피드백에도 아무 의미를 주지 못한다. 그 대신 버튼이 눌리는 기계음('딸깍')을 제공하거나, 기기에 전원이 들어오고 있다는 시각적/청각적 신호(예: 점점 고조되는 멜로디)를 주는 편이 더 좋을 것이다. 아무렇게나 주어지는 피드백은 동작과 결과를 연관 짓기 힘들게 만들고, 따라서 사용자가 지금 일어나고 있는 일을 파악하기가 더욱 어려워진다. 최선의 마이크로인터랙션은 트리거를 동작 규칙으로, 그리고 다시 피드백으로 묶어줌으로써 그 각각의 요소가 서로에 대한 자연스러운 연장선으로 느껴지도록 만들어 주어야 한다.

적은 편이 더 낫다

보다 다양한 방식의 피드백을 적용할수록 사용자는 더 많이 신경을 써야 한다. 음향 효과와 진동이 곁들여진 애니메이션 형식의 피드백은 그중 하나만 주어질 때보다 훨씬 더 많은 주의를 끌게 된다. **마이크로인터랙션 피드백에 있어서 세 번째 원칙은, 최소한의 피드백으로 최대한의 정보를 전달하는 것이다.** 전달하고자 하는 메시지를 결정하고 나면(예: '다운로드가 시작되었습니다.'), 말하고자 하는 내용을 전달하기 위해서 제공할 수 있는 가장 적은 분량의 피드백이 뭔지를 생각하자. 물론 중요한 피드백인 경우에는 보다 눈에 잘 띄도록 설계하고 여러 형식을 적용해야 한다(그림 4-12 참조).

그림 4-12 Cornerstone에서 둥근 원으로 표시되는 진행 상황 표시는 실제로 배후에서 진행되고 있는 작업 단계의 수만큼 나뉘어져 있다. (제공: Yusuf Miles, Little Big Details)

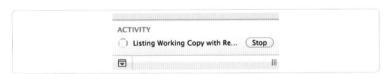

피드백에 대한 네 번째 원칙은 디자인 과정에서 간과하기 쉬운 부분을 메시지 전달 방법으로 활용하라는 것이다. 대부분의 인터랙션이 그런 것처럼, 많은 마이크로인터랙션은 다른 인터페이스에서 사용되는 관습적인 구성 요소(스크롤 바, 커서, 프로그레스 바, 툴팁, 마우스오버 효과 등)를 포함하고 있다. 그런 부분은 디자인을 할 때 간과하기 쉽지만, 잘만 활용하면 피드백을 전달하는 데 아주 유용하다. 이런 접근 방법을 이용하면 화면에 새로운 항목을 추가할 필요 없이, 기존보다 많은 내용을 전달할 수 있다(그림 4-13 참조). 이를테면, 사용자가 활성

화되지 않은 버튼에 마우스 커서를 올리는 경우 커서의 색을 회색으로
바꾸는 방법도 고려해 볼 수 있다.

그림 4-13 OS X Lion에서는
사용자가 창의 크기를 조정하
려고 할 때, 조정할 수 없는 방
향이 있으면 이를 커서를 통해
표현해 준다. (제공: Little Big
Details)

개성을 표현하는 수단으로서의 피드백

동작규칙에 대응하는 트리거나 다른 조작 장치들은 그 실용성이 중시
되는 데에 반해서, 피드백은 마이크로인터랙션은 물론 제품 전체에 어
떤 개성을 부여하는 역할을 함께 수행할 수 있다. 피드백은 마이크로
인터랙션에 약간의 성격이나 유머를 주입할 수 있는 기회가 된다(그림
4-14와 그림 4-15 참조).

그림 4-14 Dropbox에서는 파
일을 업로드하는 데 시간이 오
래 걸릴 것 같으면 뭔가 주전부
리라도 하면서 기다리라고 권
한다. (제공: John Darke, Lit-
tle Big Details)

마이크로인터랙션에 개성을 부여하는 것을 고려해야 하는 이유는, 앞
서 언급했듯이 피드백이 인간을 고려해야 하기 때문이다. 우리는 그

상황에 대한 반응이 기계에서 나온다는 것을 알고 있는 경우에도, 마치 사람 같은 반응을 좀 더 잘 받아들인다. 우리는 실제로 제품이 갖고 있지 않은 어떤 의도나 성격을 제품에 투영하면서 늘 제품들을 의인화한다. 사실 노트북은 절대로 일부러 동작을 멈추는 게 아니고, 휴대폰도 배터리가 방전됐다고 딱히 불평하는 게 아니다. 하지만 인간의 의인화 성향을 활용하기 위해서, 제품을 디자인할 때 의도적으로 성격을 추가할 수 있다. 이러한 접근은 특히 마이크로인터랙션에 잘 적용되는데, 이는 마이크로인터랙션의 간결성 덕택에 그렇게 개성을 드러내는 순간이 거슬리거나 짜증나기보다 애교스럽게 느껴질 가능성이 높기 때문이다.

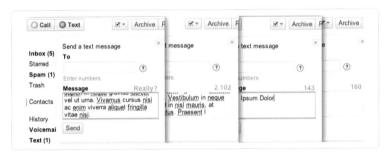

그림 4-15 Google Voice에서는 작성하고 있는 문자 메시지가 정도 이상으로 길어지면 글자수 대신 'Really?(이걸 한 번에 보내려고요?)'라고 표시한다. (제공: Zoli Honig, Little Big Details)

애플Apple의 자연어 소프트웨어 에이전트인 시리Siri를 예로 들어 보자. 시리는 충분히 실용적인 기능을 갖추고 있으며, 분명 그렇게 실용적인 대화만을 제공하도록 만들 수도 있었을 것이다. 하지만 시리는 명쾌하거나 사실에 입각한 응답을 할 수 없는 '삶의 의미가 뭐죠?' 같은 질문에 대해서는 '잘 모르겠는데요. 하지만 그런 문제를 위한 앱은 있을 것 같네요." 같은 답변을 제공해 준다. 다시 말해서, 단순한 오류 메시지('죄송합니다. 답변해 드릴 수 없습니다.')로 표현할 수 있는 내용이 재미있고 매력적으로 바뀐 것이다.[9] 사실 오류 상황 같이 사용자가 당혹스러워 할 만한 순간(예: 다운로드가 오래 걸리는 경우)은 사용자의 긴장감을 완화시키기 위해 개성을 내보일 절호의 순간이다(그림 4-16 참조).

9 (옮긴이) '그런 문제를 위한 앱이 있습니다(There's an app for that)'는 애플이 iOS를 통해 사용할 수 있는 앱의 다양함을 홍보하기 위해서 사용했던 대대적인 광고 캠페인의 대표 문구다.

We had a problem processing that request. Go to the IMDb homepage »

Report this

500 ERROR

Error messages! Why'd it have to be error messages?!

Indiana Jones, Raiders of the Lost Ark (1981) ®

그림 4-16 IMDb(인터넷 영화 데이터베이스)의 서버 에러 메시지는 유명한 영화의 인용구를 각색한 것이다. (제공: Factor.us, Little Big Details)[10]

10 (옮긴이) 이 메시지는 영화 「인디아나 존스와 잃어버린 성궤」에서 뱀을 싫어하는 주인공이 종종 불평하는 "뱀이다! 왜 하필이면 뱀인거야?!"라는 대사를 다음과 같이 바꾼 것이다. "에러 메시지다! 왜 하필 에러 메시지인거야?!"

11 '언캐니 밸리'에 대한 보다 제대로 된 정의와 분석은 2010년 1월 20일 「Popular Mechanics」에 실린 「The Truth About Robotic's Uncanny Valley: Human-Like Robots and the Uncanny Valley」을 참조하라.[12]

12 (옮긴이) '언캐니 밸리'는 1970년 일본의 로봇연구자인 마사히로 모리 교수가 주창한 가설인 "不気味の谷", 즉 '섬뜩한/소름끼치는 계곡'이라는 개념의 영어 번역이다. 마사히로 교수는 로봇이 인간의 형상과 가까워질수록 그 로봇에 대한 사람들의 호감이 증대하지만, 겉모습의 유사성이 어느 정도를 넘어가면 반대로 급격히 호감도가 떨어지고 오히려 '섬뜩하다'는 반응을 보이는 현상에 주목했다. (예를 들어, 사람들은 공장에서 볼 수 있는 작업용 로봇보다 팔다리를 갖춘 작은 인간형 로봇을 훨씬 더 좋아하지만, 그 로봇을 실제로 인간과 비슷하게 보이려고 고무 피부로 덮고 눈동자와 입술을 움직이게 하고 가발을 씌우고 나면 그런 호감이 순식간에 거부감과 '섬뜩한 느낌'으로 바뀌게 된다.) 이와 같이 친숙한 존재와의 유사성과 호감도의 관계를 그래프로 그리면 중간이 깊이 파인 계곡과 같은 형상이 되며, '섬뜩한 계곡'이라는 명칭도 여기에서 유래되었다.

물론, 개성 있는 피드백이 잘못 만들어졌거나 도를 지나치면 짜증을 유발할 수도 있다. 그 누구도 로그인 마이크로인터랙션이 사용자가 로그인을 하려고 할 때마다 성격을 드러내기를 바라지 않는다. 또한 비밀번호를 잊어버렸을 때마다 사용자에게 '또 비밀번호를 까먹었다고? 넌 바보냐!'라고 꾸짖는 앱을 쓰고 싶지도 않을 것이다. 디자이너가 노력해야 하는 것은 겉치장으로서의 개성이다. 로봇이 너무 인간과 비슷하면 징그럽게 느껴지는 소위 '언캐니 밸리(uncanny valley, 섬뜩한 계곡)'이라는 현상[11]과 같이, 마이크로인터랙션은 지나치게 개성을 드러내는 것보다는 약간의 개성을 내보이는 정도가 좋다(그림 4-17 참조). 마이크로인터랙션을 너무 인간과 가깝게 만들면 사용자의 기대를 높여 마이크로인터랙션이 실제보다 똑똑하다고 생각하게 만들 뿐만 아니라, 결국 사람들은 그 제품이 아주 무신경하거나 괴팍하거나 불친절하다고 느낄 수 있다.

기분이 섬뜩_{uncanny}하다는 얘기가 나와서 말이지만, 사용자의 행동 데이터를 수집하고 사용하면(물론 어떤 데이터를 수집하는지에 대해서는 명백하게 공개해야 한다) 마이크로인터랙션을 점차 개선할 수 있다. 하지만 이처럼 데이터를 수집하고 있다는 사실을 분명하게 (피드백으로) 표현하는 것은 그 마이크로인터랙션이 사생활을 침해하고 거슬리는 것으로 여기게 만드는 지름길이다. 마이크로인터랙션은 사람들이 그렇게 데이터가 계속 수집되는 것에 대해서 화를 내기보다, 그

그림 4-17 트위터의 모바일 서비스는 사용자가 로그인에 실패하면, 휴대폰에서 문자를 입력하는 게 어렵고 실수가 일어나기 쉬운 일이라는 점을 이해해 준다.

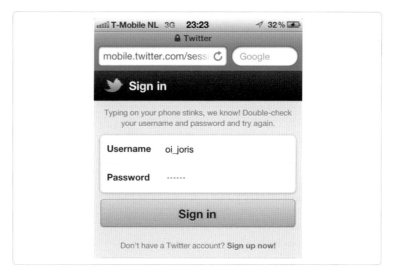

렇게 수집된 데이터를 바탕으로 제공되는 개인맞춤형 서비스를 기꺼이 반기도록 만들어져야 한다.

피드백의 방법

사람은 오감을 통해서 피드백을 경험하지만, 대부분의 경우 아래에서 자세히 설명하는 세 가지 감각(시각, 청각, 촉각)을 주로 사용한다.

시각적 피드백

솔직히 말해서 대부분의 피드백은 시각적이다. 여기에는 물론 다 이유가 있다. 사람들은 자신이 상호작용을 하고 있는 사물을 똑바로 바라보기 때문에, 시각적인 방법으로 피드백을 제공하는 것이 논리적으로도 가장 적합하다. 시각적 피드백은 글자가 어디에 입력될지를 보여 주는 깜박이는 커서에서 화면상의 문자, 점멸하는 LED 표시등, 두 화면 사이의 전환 효과에 이르기까지 여러 가지 형태를 가질 수 있다(그림 4-18).

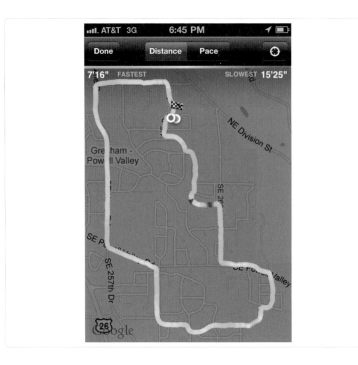

그림 4-18 Nike+ 앱은 사용자가 뛴 경로를 지도에 표시할 때 각 구간의 달리기 속력을 색상으로 함께 표현한다. (제공: David Knepprath, Little Big Details)

제품에 화면이나 LED 표시등이 달려 있다면, 기본 피드백은 시각적으로 제공한다고 생각하라. 사용자가 하는 행동 중 유효한 입력들은 모두 시각적인 피드백을 동반해야 한다. 사용자가 직접 입력하지 않은 시스템 트리거나 동작규칙에 대해서는 사용자의 관여가 필요한 경우(예: 오류 알림 창)나 주어진 정보에 대해서 사용자가 뭔가 행동을 할 수 있는 경우(예: 새로운 메시지가 도착했음을 알리는 표시) 같이 오직 일부의 경우에만 시각적인 피드백을 제공해야 한다. 사용자가 결정을 내리기 위해서 봐야 하는 정보가 무엇인지를 생각해 보고, 필요한 정보를 가능한 한 섬세한 방식으로 표시하라. 대부분의 경우 사용자가 알아야 하는 정보는 시간, 노력, 읽지 않은 메시지 등과 같이 자원에 관련된 내용이다(그림 4-19 참조).

그림 4-19 Navigon 앱은 운전자가 터널로 들어가면 배경색을 바꾸고, 터널이 얼마나 남았는지를 표시해 준다. (제공: Little Big Details)

쓸데없는 시각적 피드백을 보여 주지 말자. 예를 들자면, 버튼 레이블과 똑같은 툴팁tooltip을 커서 옆에 중복해서 표시할 필요는 전혀 없다. 모든 시각적 피드백은 정보를 명확하게 하는 역할을 해야지 어수선하게 만드는 역할을 하면 안 된다. 비슷한 경우로, 시각 효과도 지나치면 곤란하다. 과도한 시각 효과가 가미된 피드백은 자주 보여 줄수록 더욱 거슬리기 마련이다. 사용자가 **반드시** 주목해야 하는 정보가 아니라면, 화면상에서 깜빡이게 만들면 안 된다(그림 4-20 참조).

그림 4-20 Github에서는 정확한 시간을 표시하기 위해서 툴팁을 사용한다. (제공: Scott W. Bradley, Little Big Details)

또한 이상적인 경우, 시각적 피드백은 사용자가 조작하게 될 영역이나 가까이에 표시돼야 한다. 이를테면 확인 버튼이 화면 맨 아래에 있을 때는 오류 메시지를 맨 위에 보여 주면 안 된다. 2장에서 언급했듯이, 사람은 뭔가에 주의를 기울이면 시야가 좁아지고 이 시야를 벗어나는 모든 항목은 눈에 띄지 않는다(그림 4-21 참조). 만일 사용자가 주의를

기울이고 있는 부분에서 멀리 떨어진 곳에 시각적 피드백을 제공해야
한다면, 움직임(예: 서서히 나타나게 한다)을 추가함으로써 사용자가
이를 주목하도록 할 수 있다.

애니메이션

인간의 뇌는 움직임에 강하게 반응하므로, 애니메이션은 신중하게 사
용해야 한다. 애니메이션 없이 디자인할 수 있다면 되도록 그렇게 하
라. 애니메이션이 없는 편이 마이크로인터랙션을 더 빠르고 인지적으
로 간편하게 만들 수 있다. 일단 그런 점을 명심한다면, 간결하고 짧은
애니메이션은 제대로 적용되는 경우 제품을 좀 더 흥미롭게 만들고 나
름의 의미를 전달할 수 있다(그림 4-22 참조).

그림 4-22 아이폰에서 접속된
네트워크 유형 옆에 표시되어
접속 상황을 알려 주는 아이콘
은 해당 네트워크의 속도에 따
라 빠르거나 느리게 돌아간다.
이를테면 이 아이콘은 3G 망에
접속되어 있을 때보다 EDGE
망[13]에 접속되어 있을 때 더 느
리게 회전한다.

13 (옮긴이) EDGE (En-
hanced Data rates for GSM
Evolution)는 휴대폰 네트워
크를 통한 데이터 전송 방식 중
하나로, 2G에서 3G로 넘어가
는 과도기에 유럽이나 미국 등
에서 사용했다.

마이크로인터랙션에 적용되는 애니메이션에 있어서 가장 중요한 부
분은, 해당 마이크로인터랙션의 동작 원리에 대한 일종의 행동 모델을
정확하게 보여 줘야 한다는 데 있다. 왼쪽에서 밀려 들어오는 패널이
사실은 사용자가 손가락을 아래로 내리는 동작으로 불러내야 한다거
나 다시 왼쪽으로 밀어낼 수 있는 게 아니라면, 애당초 그런 애니메이

선을 사용하지 말아야 한다. 그저 애니메이션을 넣고 싶어서 넣은 애니메이션은 최악이다. **최선의 애니메이션은 사용자에게 뭔가를 알려준다.** 이는 마이크로인터랙션의 구조에 대한 것이 될 수도 있고, 사용자가 화면 어디를 봐야 하는지, 혹은 어떤 작업이 진행 중인지에 대한 것이 될 수도 있다.

구글Google의 안드로이드Android 기술자인 체트 하시Chet Haase와 로메인 가이Romain Guy은 UI에서 애니메이션이 가져야 하는 특성(그림 4-23)을 다음과 같이 서술한 바 있다.

- 빠르다
  사용자의 행동을 지연시키면 안 된다.
- 부드럽다
  멈칫거리거나 고르지 못한 움직임은 그 효과를 해치고 마이크로인터랙션 자체를 고장난 것처럼 보이게 한다.
- 자연스럽다
  애니메이션은 중력이나 관성 같은 자연의 법칙을 따르는 것처럼 보여야 한다.
- 간결하다
  애니메이션은 단순하면서도 의미를 갖고 있어야 하며, 사용자가 그 의미를 이해할 수 있어야 한다.
- 목적이 있다
  단지 보기 좋다는 이유로 애니메이션을 넣어서는 안 된다.

위의 마지막 항목에 대해서, 디자이너이자 기술자인 빌 스콧Bill Scott은 애니메이션을 이용해야 하는 경우를 다음과 같이 나열한 바 있다.[14]

그림 4-23 안드로이드 4.0 버전에서는 사용자가 주어진 범위 이상으로 화면을 넘기려고 하면 화면을 기울여 더 이상 넘길 수 없다는 사실을 알려 준다. (제공: Tony Mooch, Little Big Details)

- **맥락을 유지하면서 화면을 바꾸고 싶을 때.** 목록을 스크롤하거나 일련의 항목을 넘겨 가면서 보는 경우 애니메이션은 앞뒤의 항목을 볼 수 있게 해준다.

- **방금 일어난 일을 설명해야 할 때.** 펑 하는 소리와 연기 효과는 항목이 삭제됐음을 알려 준다.

- **사물들 간의 관계를 보여 줘야 할 때.** 예를 들어 사용자가 끌어다 놓기drag-and-drop 동작을 하면 해당 항목이 다른 곳으로 이동하는 모습을 보여 줄 수 있다.

- **주의를 끌어야 할 때.** 어떤 항목에 대한 값이 바뀔 때 애니메이션을 이용하면 변화를 보다 분명하게 보여 줄 수 있다.

- **성능을 더 개선된 것처럼 느끼게 하고 싶을 때.** 진행 상황을 보여 주는 프로그레스 바progress bar는 다운로드에 걸리는 시간 자체를 줄여 주지는 않지만, 그 대기 시간이 조금은 덜 짜증나게 해준다.
- **가상의 공간감을 주고 싶을 때.** UI에서 패널이 밀려 들어오고 나가는 것이 여기에 해당한다. 화면 전환 효과는 사용자가 하나의 상태에서 다른 상태로, 혹은 하나의 모드mode에서 다른 모드로 옮겨 갈 때 마이크로인터랙션 애니메이션의 중요한 부분이 될 수 있다. 화면 전환 효과는 사용자에게 공간과 이동의 느낌을 주어 현재의 위치와 다음으로 이동하는 곳이 어딘지를 알게 해준다.
- **보다 많은 참여를 유도하고자 할 때.** 흥미를 끄는 애니메이션은 사용자가 상호작용을 해보고 싶게 만든다.

스콧은 애니메이션에 걸리는 시간에 대해서도 중요한 규칙을 제안했다. 생각하는 것보다 절반의 시간만 걸리도록 만들고, 가능하다면 거기서 또 반을 줄이라는 것이다(빌 스콧의 책『Designing Web Interfaces』에서 자세한 내용을 확인할 수 있다[15]). 애니메이션은 사용자가 이해하게 될 멘탈모델을 강조하고 사용자가 주목해야 할 부분을 알려주어 마이크로인터랙션을 보다 효율적으로 만들거나, 최소한 그렇게 보이도록 만들어야지 그 반대의 역할을 하면 안 된다.

메시지

디자이너인 카트리오나 코르넷Catriona Cornett은 자신이 포드Ford 자동차에 사용된 SYNC 시스템[16]을 업그레이드할 때의 경험에 대해서 말한 적이 있다. 자동차의 USB 포트에 꽂기 위해서 메모리 스틱에 업데이트 설치 파일을 담고 나면, 사용자는 다음과 같은 안내문을 읽게 된다.

15 (옮긴이) 이 책의 원서는 O'Reilly 출판사에서 출간되었으며, 번역서는 인사이트 출판사에서『리치 인터페이스 디자인』이라는 제목으로 출간되었다.

16 (옮긴이) SYNC는 Ford와 Microsoft가 함께 만든 자동차용 시스템으로, 사용자가 운전 중에도 음성 인식을 통해서 전화통화를 하거나, 문자 메시지를 음성으로 듣거나, 음악을 트는 등의 조작을 할 수 있게 해 준다.

"안내문을 인쇄한 다음 자동차의 시동을 건 채로 안내를 따라 진행하십시오. 설치를 시작하고 약 60초가 지나면, '설치가 완료됐습니다'라는 메시지가 나옵니다. 이때 절대로 USB 메모리 스틱을 뽑거나 시동을 끄지 마십시오. 추가로 4~18분이 더 지나고 나면 두 번째로 '설치가 완료됐습니다'라는 메시지가 나오고, 그 후 USB 메모리 스틱을 뽑으면 됩니다."

어, 그러니까, 시스템이 설치가 완료됐다고 말해 줄 거지만 사실은 완료된 게 아니라고? 게다가 내가 진행 과정에 대한 이 설명문을 읽지 않았다면 뭔가 돌이킬 수 없는 문제가 생긴다는 소리 같은데? 황당하네.[17]

17 「UX principles in action: Feedback systems and Ford SYNC」(2011년 7월 11일)

'설치가 완료됐습니다'라는 메시지는 매우 명쾌한 내용을 전달하고 있지만, 불행히도 여기 설명된 상황에서는 사용자에게 큰 혼란을 주고 있다. 어떤 행동에 대한 피드백으로서 전달된 메시지는 어떤 경우라도 (최소한) 정확해야 한다. 안내문의 경우도 마찬가지지만, 피드백으로 주어지는 문구는 특히 간단명료해야 한다. '오류'나 '경고'처럼 아무 정보도 주지 않으면서 불안감만 더해 주는 단어는 피하는 게 좋다. 오류 메시지에 사용되는 피드백 문구는 무엇이 잘못됐는지 물론이고 그 상황을 타개하려면 어떻게 해야 하는지도 알려 줘야 한다. 이상적인 경우에는 오류 메시지와 함께 해당 상황을 해결하기 위한 방법 자체를 제공할 수도 있다. 이를테면 사용자에게 입력된 비밀번호가 틀렸다고만 하지 말고, 비밀번호를 다시 입력할 수 있는 양식이나 재설정할 수 있는 수단을 포함하는 편이 낫다(그림 4-24 참조).

모든 문구가 직설적이고 인간적이어야 함에도 불구하고, '당신' 같은 인칭대명사를 사용하는 일은 피하는 게 좋다. '당신은 비밀번호를 잘못 입력했습니다.' 같은 메시지는 '비밀번호가 정확하지 않습니다.'보다 좀 더 비난에 가깝고 사람을 당혹스럽게 만든다. 마찬가지로 '나'라는 호칭도 피드백 문구를 지나치게 인간적으로 만들어 '섬뜩한 계곡'

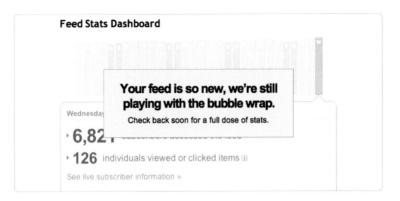

그림 4-24 Feedburner에서 피드(feed)를 만들자마자 그에 대한 통계 자료를 보려고 하면 화면에서와 같이 '만드신 피드는 새로 만들어져 아직 포장도 안 뜯은 상태입니다. 제대로 된 통계를 보려면 나중에 다시 방문해 주세요.'라는 메시지가 나온다. 보다 정확하게 언제 다시 오면 통계를 볼 수 있다고 말해 준다면 더욱 좋을 것이다.

효과를 가져오기 때문에 피해야 한다. 마이크로인터랙션이 사람 같은 반응을 보일 수는 있지만, 실제로는 사람이 아니다. 시리Siri 같은 음성 인터페이스는 일인칭 대명사를 사용할 수도 있겠지만, 글로 표현하는 형태에는 어울리지 않는다.

이상적인 마이크로인터랙션 문구의 분량은 단락의 개수나 줄 수가 아니라 글자 수를 기준으로 이야기해야 한다(그림 4-25 참조). 문구를 짧게 유지하되, 사용자가 취할 행동에 초점을 맞춰 동사 선택에 신중을 기해야 한다(예: '비밀번호를 다시 입력하세요.').

그림 4-25 은행 서비스인 Simple은 앞으로 일어날 일을 간결하게 정리된 문구로 설명해 준다. '가스 요금이 내일자 수표로 지불되어 월요일에 발송되고, 가스 회사에는 7~9일 쯤 도착할 예정입니다.' (제공: Little Big Details)

음향 피드백

앞서 2장에서 언급했듯이, 음향은 시각적 피드백보다도 빨리 사람의 머릿속에 도달하는 강력한 신호가 될 수 있다. 위에서 언급된 시각적인 움직임 외에도, 사람은 본능적으로 소리에 반응하도록 되어 있다. 이는 음향을 적용하는 데 있어서 그만큼 신중을 기해야 한다는 것을 의미한다. 특히 음향은 화면이 없는 기기의 경우라든가, 평소에는 사용자가 주의를 기울일 필요 없이 보이지 않게 동작하는 마이크로인터 랙션의 일부로써 유용하게 사용할 수 있다. 사용자가 운전 중인 경우처럼 화면을 보는 것이 안전하지 않을 때도 음향 피드백이 유용할 수 있다.

일반적으로, 청각적 피드백을 사용할 때는 강조와 알림이라는 두 가지 목적이 있다. 강조를 위한 음향은 일반적으로 사용자의 동작을 강화하기 위한 목적으로 쓰이며, 사용자가 의도한 일이 실제로 일어났다는 것을 확인시켜 준다. 버튼을 눌렀을 때 딸깍 소리를 듣는 것이 그 한 가지 사례다. 이런 피드백은 시각적 피드백과 함께 제공되는 경우가 많은데, 시청각이 함께 제공되는 피드백은 시각만으로 제공되는 피드백에 비해 더욱 효과적이다.[18] 알림을 위한 음향 피드백은 일반적으로 시스템에서 시작한 작업에 대한 정보를 제공하기 위해서 사용된다. 어떤 작업이 완료되었다거나, 상태가 바뀌었다거나, 무언가가 잘못된 경우가 여기에 해당한다. 네비게이션 앱에서 "좌회전 하십시오."라고 말해 주는 음성은 음향을 통한 알림의 사례다.

마이크로인터랙션에 적용되는 모든 음향은 마치 안개 속의 뱃고동[19]만큼 중요한지, 다시 말해서 사용자가 그 대상을 직접 보지 않고 있을 때 변화된 상황을 알아야 할 정도로 중요한 일인지를 먼저 생각해 보고 적용해야 한다. 또한 여기에 대한 대답이 긍정적인 경우조차도, 사용자가 그 음향을 끌 수 있는 방법은 있어야 한다.

다른 피드백과 마찬가지로, 음향도 사용 정황에 대한 이해를 기반으로 조정될 수 있다. HTC에서 만든 휴대폰 중에는 센서 입력을 통해서 휴대폰이 사용자의 주머니나 가방 안에 들어 있을 때를 감지해 벨소리와 진동의 세기를 크게 조정해 주고, 사용자가 휴대폰을 꺼내면 음량을 다시 줄여 주는 기능이 있는 경우도 있다. 어떤 자동차는 엔진 소리가 커지면 이를 보상하기 위해서 음악 소리를 키워 준다. 마찬가지로

18 Brown, Newsome, Glinert 공저, 「An experiment into the use of auditory cues to reduce visual workload」(1989)

19 (옮긴이) 바다에 안개가 짙게 껴서 충분한 시야를 확보할 수 없는 날씨가 되면, 운항 중인 배나 등대에서는 서로의 위치를 알려 충돌을 피하기 위해서 안개 경고음을 시끄럽게 계속 울려야 한다.

사용자가 해당 기기와 다른 방에 있을 때(근접 센서를 통해 감지)나 방 안의 소음이 큰 경우(마이크를 통해 감지)에도 소리의 크기와 높이를 조정할 수 있을 것이다. 또한 운전 중인 경우(GPS를 통해 감지)와 같이 사용자가 시각적 신호를 받아들이지 못하는 상황에 처해 있다는 것을 알 수 있을 때에도 음향 신호를 켜거나 그 음량을 키울 수 있다.

음향 디자이너 캐런 카우샨스키Karen Kaushansky는 음향을 디자인하고자 하는 디자이너에게 '부적합한 사용 사례'를 고려하라고 충고한다. 한밤중에 아무도 없는 방에서 소리(특히 음성)가 난다면 사람을 깜짝 놀라고 짜증나게 할 것이다.[20]

20 『Smashing Magazine』에 실린 「Guidelines for Designing with Audio」 참조.

이어콘

음향을 통한 피드백에는 이어콘과 말, 두 가지 종류가 있다. 이어콘earcon은 '아이콘icon'이라는 단어를 eye-con으로 비유해서 만들어진 말로, 정보를 전달하는 짧으면서도 특색 있는 소리를 뜻한다.[21] 이어콘이 전달할 수 있는 정보의 양은 제한되어 있기 때문에, 때로는 말도 필요하다. 말은 사람의 음성을 미리 녹음해서 쓰거나 컴퓨터로 합성된 음성으로 제공할 수 있다. 말은 안내문이나 지시문을 전달하는 데 특히 유용하지만, 만일 그 내용을 여러 가지 언어로 제공해야 할 경우에는 쉽지 않은 일이 된다. 또한 말은 이어콘에 비해서 훨씬 느리다. 이어콘(예: 땡~하는 소리)으로는 1초가 안 되는 시간 안에 전달할 수 있는 내용이 말(예: '메일이 도착했습니다'라는 메시지)로는 몇 초나 걸릴 수 있는 것이다.

21 Meera M. Blattner, Denise A. Sumikawa, Robert M. Greenberg 공저, 「Earcons and Icons: Their Structure and Common Design Principles」 『Journal of Human-Computer Interaction』 제4권 제1호 (1989)

이어콘은 본질적으로 추상적이기 때문에, 전달할 메시지를 잘 표현할 수 있는 소리를 신중하게 선택해야 한다. 마이크로인터랙션에서 최선의 이어콘은 사용자가 (의식적이든 무의식적이든) 이전에 들었던 소리와 연관시킬 수 있는 음향이다. 이를테면 자물쇠가 걸리는 소리는 마이크로인터랙션이 끝나는 순간을 위한 이어콘으로 쓰일 수 있으며, 위로 올라가는 듯한 휙 소리는 목록에서 어떤 항목을 맨 위로 올렸을 때 쓰일 수 있다. 지나치게 날카롭거나(심각한 경고 상황이 아니라면) 너무 섬세한("방금 무슨 소리가 났었나?") 이어콘은 피하는 게 좋다. 애니메이션의 경우와 마찬가지로 좋은 이어콘은 간결해서 길이가 1초 미만이어야 하며, 보통은 몇 분의 1초에 불과하다. 여기에 대한 유일한 예외로는, 파일이 동기화되고 있는 동안 낮게 웅웅 거리는 소리를 들려 준다든가 하는 식으로 진행 중인 작업을 알려 주기 위해서 잔잔한 음향을 재생하는 경우가 있다.

이어콘은 전달하는 내용의 감성적인 측면에도 부합해야 한다. 피드백이 긴급을 요하는 내용인가 아니면 실용적인 정보 전달에 해당하는가? 경고 메시지인가 혹은 알림 메시지인가? 이어콘의 특색(음색, 높낮이, 길이, 음량)은 전달하고자 하는 내용과 맞아야 한다.

특색 있고 오래 기억될 수 있는 이어콘, 즉 **특징적인 음향**_{Signature Sound}을 만들고 싶다면, 2~4개의 음을 차례로 재생해서 곡조를 만드는 것도 좋다.[22] 단, 이 방법을 적용하고자 할 때는 마이크로인터랙션 중 하나의 음향 피드백에만 적용해야 한다. 사용자가 그 마이크로인터랙션에 포함된 모든 곡조를 기억할 수는 없기 때문이다. 마이크로인터랙션에 있어서 대부분의 이어콘은 하나의 음만을 포함하고 단 한 번 재생돼야 한다. 이어콘을 반복해서 재생하게 되는 경우도 조심해야 한다. 부드러운 음향도 계속 반복해서 듣게 되면 짜증이 나기 마련이다.

이어콘은 수행하는 기능에 따라 달라야 한다. 다른 기능에 대해서 같은 시각적 피드백을 주지 않는 것처럼, 서로 다른 상황에 대해 동일한 (아니면 심지어 비슷하게 들리는) 이어콘을 사용하면 안 된다. 이는 특히 사용자의 행동과 직접적인 연관 없이 등장하는 경고음의 경우에 중요하다. 기기를 쳐다보지 않고 있거나 심지어 가까이에 있지도 않을

22 각주 21 및 Joseph Kerman 저, 『Listen』(Bedford/St. Martin's, 1980) 참조

때 다른 내용에 대해서 같은 음향을 들려준다면, 사용자는 무슨 일이 일어났는지를 파악할 수 없을 것이다.

음성

청각적 피드백으로 음성을 사용하고자 한다면, 말로 표현할 메시지는 간단명료해야 한다. 그 메시지가 사용자에게 대답을 요구하는 내용이라면 사용자가 선택할 수 있는 항목은 명쾌하고 짧으면서도 그 가짓수가 많지 않게 해야 한다. 마이크로인터랙션에 있어서 사용자가 말해야 하는 응답은 '예'와 '아니오'만 있는 편이 이상적이고, 꼭 필요한 경우에는 한 단어로 답할 수 있도록 하는 게 좋다. 3장에서도 언급되었듯이, 마이크로인터랙션은 다양한 선택 항목을 주는 것보다 세심하게 설정된 기본값을 제공해 주는 편이 좋다. 또한 사용자 응답을 유도하는 대목은 맨 뒤에 놓아야 한다. "'예'라고 말하면 소리를 끌 수 있습니다." 라고 하지 말고 "소리를 끄려면, '예'라고 말하세요."라고 해야 하는 것이다. 사용자의 행동은 항상 지시문의 끝에 언급해야 한다.

음성을 사용하는 데는 성우로 하여금 메시지를 녹음하도록 하는 방법과 음성합성기text-to-speech, TTS를 이용하는 방법이 있다. 녹음된 음성은 좀 더 사람 같이 느껴지고 특징적일 뿐만 아니라 미묘한 의미를 전달하는 데에 유리하지만, 이 경우 메시지의 내용과 말투를 올바르게 전달하려면 성우가 말의 억양과 간격을 적절하게 조절하도록 하는 데 많은 신경을 써야 한다. 이 방법의 또 다른 단점은 메시지의 내용을 바꾸려고 할 때마다 다시 녹음을 해야 한다는 것이다.

음성으로 전달하려는 메시지가 자동차 내비게이션의 안내문처럼 다양하게 바뀌어야 한다면, 모든 길과 동네 이름을 따로따로 녹음하는 건 사실상 불가능하기 때문에 음성합성을 사용하는 수밖에 없을 것이다. 음성합성이 지난 수년 간 많이 발전해 오기는 했지만, 여전히 사람과 같은 인간미는 느껴지지 않는다. 또한 음성합성을 고려할 때는, 사람에 따라 합성된 음성을 무척 싫어하는 경우도 있다는 점을 유념해야 한다.

햅틱 피드백

햅틱haptics은 기술적으로 정확히 말하자면 '진동형 촉각 피드백'이라고 할 수 있다. 햅틱은 작은 모터를 이용해서 강한 진동이나 섬세한 떨림을 생성해서 평평한 표면에 질감을 만들어내는 기술이다. 수십 년 동안 발전을 거듭해 온 시각 피드백과 청각 피드백과 비교해 보면, 햅틱은 대부분의 사람들이 삐삐나 휴대폰이 나타나기 전에는 경험해 보지 못한 상대적으로 새로운 기술이다.

햅틱은 대부분의 경우 피부로 느껴져야 하기 때문에(물론 책상 위 같은 단단한 표면 위에서 진동을 하게 되면 소리가 나기도 하지만), 사용자가 직접 잡거나 만지거나 입거나 가지고 다니는 등 가까이에서 쓰는 기기에 적용되었을 때 최고의 효용성을 기대할 수 있다(영화나 게임의 체감 효과를 높이기 위해서 의자에 햅틱 피드백이 적용된 사례도 있기는 하다). 사람의 얼굴과 손(특히 손가락)은 햅틱에 가장 민감하며, 다리와 몸통은 그에 비하면 훨씬 둔감하다.

인간의 촉각(피부 감각)은 시각과 청각보다도 더욱 더 제한되어 있다. 이는 피부가 아니라 두뇌의 한계에 의한 것이다. 신체 부위에 따라 민감도는 다르지만, 피부는 몸 전체에 퍼져 있다. 피부의 감각을 전달하는 것은 물리감각수용체라고 알려진 네 종류의 신경 섬유로, 이들은 각각 다른 범위의 움직임을 감지한다. 물리감각수용체들이 상호작용을 통해서 우리가 느끼는 촉각 감각을 결정하게 되는데, 사실 그 감각이라는 게 그다지 섬세하지 못하다. 어떤 연구자는 촉각을 통해서 전달할 수 있는 정보의 양이 청각의 1%에 불과하다고 주장하기도

23 R. T. Verrillo, A. J. Fraoli, R. L. Smith 공저, 「Sensation magnitude of vibrotactile stimuli」 『Perception & Psychophysics』 제 6권 (1969) pp. 366~372

24 John Gill, 「Guidelines for the design of accessible information and communication technology systems」 『Royal Institute of the Blind』 (2004), F. A. Geldard, C. E. Sherrick, 「Princeton cutaneous research project, report no. 38」 『Princeton University』 (Princeton NJ, 1974)

한다.[23] 대부분의 사람이 쉽게 구분해 낼 수 있는 진동의 강도 차이는 3~4 단계에 불과하며[24], 따라서 햅틱을 통해서 복잡한 메시지를 전달하기는 쉽지 않다.

다행히도, 일반적으로 마이크로인터랙션에서는 복잡한 메시지를 전달할 일이 없다. 마이크로인터랙션에서 햅틱으로 피드백을 제공하는 데는 세 가지 주된 방식이 있다. 첫 번째 방식은 터치스크린 위에서 버튼이 눌리는 것을 흉내낸다든가 휴대폰의 벨소리가 울릴 때 진동을 추가하는 등 물리적인 행동을 강화하기 위해서다. 오늘날 햅틱 피드백을 사용하는 데 있어서 가장 일반적인 두 번째 방식은 소리를 쓸 수 없거나 소리를 내고 싶지 않을 때다. 졸린 운전자를 깨우기 위해서 자동차 핸들이 진동하는 경우가 여기에 해당한다. 거의 찾아보기 힘든 세 번째 방식은 터치스크린 같은 표면에 인위적인 질감이나 마찰력을 만들어 내는 방식이다. 이 방식은 이를테면 스크롤 동작의 속도를 줄이는 데 사용할 수 있다.

사람의 감각으로는 햅틱 피드백 사이의 차이점을 잘 감지하지 못하기 때문에, 마이크로인터랙션에서는 섬세하고 잔잔한 메시지나 반대로 사용자의 주의를 끌어야 하는 경고 메시지를 전달하는 용도로 햅틱을 사용하는 게 좋다. 음악가나 외과의사 같이 특수한 기기를 다루는 경우에는 음악을 연주하거나 수술을 하는 중에 다양한 수준의 햅틱을 통해서 보다 많은 물리적 피드백을 제공할 수 있으므로 예외적인 경우에 해당할 것이다.

피드백의 동작규칙

피드백도 그 안에서만 적용되는 독자적인 동작규칙을 가질 수 있다(그림 4-26 참조). 피드백에 대한 동작규칙은 다음과 같이 정의된다.

- 맥락 변화

  감지되는 맥락에 따라 피드백이 바뀌는가? 이를테면 밤이 되면 음량이 높아지거나 줄어드는가?

- 지속 시간

  피드백이 얼마나 오랫동안 진행되는가? 그리고 어떤 경우에 피드백이 멈추는가?

- 강도

  피드백의 밝기, 속도, 소리의 크기, 진동의 세기는 어느 정도인가? 잔잔하게 깔리는 수준인가 아니면 사용자가 확실히 느낄 수 있는 강도인가? 시간이 흐르면 그 강도가 더욱 강해지는가 아니면 그대로 유지되는가?

- 반복

  피드백은 반복적으로 제공되는가? 얼마나 자주 반복되는가? 피드백에 따르는 효과는 영원히 지속되는가 아니면 몇 초 정도만 제공되는가?

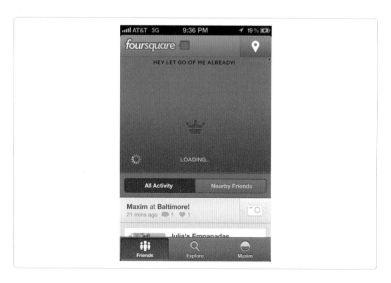

그림 4-26 Foursquare에서는 사용자가 화면을 갱신하려고 아래로 너무 많이 당기면, 이제 그만 놓아 달라(HEY LET GO OF ME ALREADY!)고 간청한다.

이들 동작규칙은 피드백이 갖는 개성의 많은 부분을 결정한다.

사용자가 슬롯머신에 대해서 느끼는 것처럼 기계가 자신을 속였다고 생각하고 화면에 주먹질을 하게 만들고 싶지 않다면, 피드백을 설계하는 데 많은 신경을 써야 한다. 동작규칙을 이해하기 쉽게 만들고, 사용자가 알아야 하는 상태 변화가 있으면 알리도록 하자. 피드백은 일관적으로 제공하고, 긍정적인 행동에 대해서는 늘 보상을 제공하라.

피드백만 반복적으로 제공되는 게 아니라, 마이크로인터랙션 전체가 반복되는 경우도 있다. 다음의 5장에서는 마이크로인터랙션을 확장하기 위해 순환과 모드를 사용하는 방법에 대해서 다룬다.

요약

사용자가 어떤 정보를 언제 알아야 하는지를 이해하라. 모든 피드백은 그런 이해를 기반으로 해야 한다.

피드백은 사용자가 마이크로인터랙션의 동작규칙을 이해하는 수단이다. 어떤 동작규칙에 대해서 피드백을 제공해야 할지를 파악하라.

피드백을 통해서 어떤 메시지를 전달할지 결정하고, 그 내용에 적합한 채널을 선택하라.

맥락에 주목하고 피드백이 그에 맞춰 바뀔 수 있는지, 혹은 바뀌어야 하는지를 생각하라.

인간미를 유지하라. 피드백에 인간성을 덧씌우면 마이크로인터랙션에 개성을 부여할 수 있다.

이미 화면상에 있는 UI 요소를 활용해서 피드백 메시지를 전달하라. 화면에 다른 요소를 추가하려고 하기 전에, 가능한 한 이미 있는 요소에 피드백을 추가하라.

피드백을 뚜렷한 이유 없이 제공하면 안 된다. 피드백은 이를 유발한 조작 장치나 이를 통한 행동과 연결 지을 수 있어야 한다.

　가능하다면, 사용자의 모든 행동에 대해서 시각적 피드백을 제공하라. 메시지를 보다 강조하고 싶거나 경고의 의미를 담고 싶다면 음향이나 햅틱 피드백을 추가하라.

5 순환과 모드

2004년 1월 4일, 여섯 개의 바퀴를 가지고 있고 태양광 발전으로 움직이며 무게가 180킬로그램이 넘는 로봇이 화성의 거대한 구제프Gusev 분화구에 착륙했다. 이 로봇은 1년이 넘는 시간 동안 4억 달러를 들여 개발한 화성 탐사선 스피릿Spirit이다. 한 웹사이트[1]에 따르면 스피릿은 화성까지 가는 6개월 동안의 여정은 물론이고 첫 착지 후에는 4층 건물 높이까지 튕겨 오르는 위험천만한 착륙을 무사히 건너냈다. 이 탐사선을 만들고 조정하던 미국 항공우주국NASA에서는 고비를 모두 넘겼다고 생각했지만, 사실 그렇지 않았다.

화성의 붉은 먼지가 가라앉고 나서, 스피릿은 근처의 목적지로 이동하면서 사진 촬영, 과학 실험 등의 임무를 수행하기 시작했다. 그러나 임무를 시작한 지 3주도 되지 않은 1월 21일, 항공우주국과 스피릿 사이의 통신이 끊겼다.

처음에는 호주의 천둥번개로 인한 네트워크 간섭이 통신 두절의 원인으로 꼽혔다. 하지만 사실은 스피릿 자체에 뭔가가 잘못되어 있었다. 다음날, 스피릿으로부터 신호가 도착했다. 탐사선이 존재한다는 단순한 삐 소리 한 번. 단지 그 뿐이었다. 이는 심각한 문제였다. 만일

1 PassportToKnowledge.com

문제가 중대한 하드웨어 결함이라면, 로봇은 망가진 것이고 탐사 임무는 끝난 것이나 다름이 없었다.

갖가지 방법을 시도한 끝에, 결국 1월 23일 연구소에서는 탐사선이 자가진단 자료를 보내도록 만들었다. 수신된 자료는 대부분 의미 없는 내용의 반복이었지만, 무슨 일이 일어나고 있는지에 대한 어느 정도의 정보를 얻을 수 있었다. 상황은 그다지 좋지 않았다. 내부 온도는 예상보다 높았고, 배터리의 전압은 낮아져 있었다. 보통 탐사선의 컴퓨터는 배터리의 소모를 줄이고 과열을 막기 위해서 하루에 대여섯 시간만 켜 있도록 되어 있다. 하지만 수신된 정보에 따르면 탐사선의 컴퓨터는 꺼지는 일 없이 전원을 소모하며 기계를 과열시키고 있었다. 계속 이런 상태가 유지된다면 탐사선은 스스로 망가지고 말 것이다. 전략 임무 관리자 중 한 명인 마크 애들러Mark Adler의 말에 따르면, "결국 그 탐사선은 아팠던 겁니다. 스피릿은 불면증에 열이 있었고, 점점 더 체력이 떨어지면서도 쉴 새 없이 횡설수설했고, 대부분의 명령에 반응을 보이지 않았죠."

🐾 애들러가 이때 직접 겪은 일을 기술한 내용은 'The Planetary Society'의 블로그에 올라온 글 「Spirit Sol 18 Anomaly」에서 찾아볼 수 있다. http://bit.ly/11oJiJR

혼란에 빠진 조종 팀은 스피릿의 전원을 강제로 종료시키는 SHUTDWN_DMN_TIL ("제발 좀 멈춰라shutdown dammit until") 명령을 전송했다. 스피릿이 이 명령을 수신하자 연구소는 안도의 한숨을 쉬었다. 만전을 기하기 위해서, 연구소에서는 탐사선에 응답 요청 메시지를 보냈다. 만일 스피릿이 제대로 잠들어 있다면 응답은 없어야 할 터였다.

하지만 응답이 있었다.

스피릿은 강제 종료 명령을 수신하고도 반응하지 않았던 것이다. 게다가 그때 화성의 분화구에서 보기에는 지구가 지평선 너머로 '지고' 있었기 때문에 연구소에서는 다음날이 올 때까지 다른 시도를 할 기회를 잡지 못했다. 그동안 스피릿은 점점 과열되면서 전원을 소모하고 있었고, 시간은 계속 흐르고 있었다.

연구소의 팀원들은 다시 모여 정확히 무슨 일이 벌어졌는지를 알아보고자 했다. 팀은 잠정적으로 다음과 같은 이론을 이끌어 냈다. "스피릿은 오류 모드$_{mode}$, 즉 해결할 수 없는 문제가 발생했을 때 재시동을 시도하는 상태에 빠져 있다(이는 기본적으로 우리가 전자기기가 동작을 멈췄을 때 전원을 껐다 켜보는 것과 같다)." 문제는 그렇게 재시동을 하는 도중에 어떤 문제가 발생하는 바람에, 스피릿이 그 오류 상태에서 벗어나지 못하고 계속해서 재시동을 반복하고 있는 것으로 보였다는 것이다.

나중에 밝혀진 바에 따르면, 사실은 탐사선이 화성으로 가는 길에 갱신된 소프트웨어에 문제에 있었다. 소프트웨어를 갱신하는 중에 이전 버전의 소프트웨어 파일을 삭제하는 기능이 추가되었는데, 그 추가된 기능이 실패한 것을 아무도 눈치채지 못했거나 그냥 무시했던 것이다. 결과적으로 오래된 파일이 남아 있는 바람에 파일을 저장할 수 있는 공간이 예상보다 줄어들었다. 스피릿이 실험을 시작하고 자료를 저장하려고 했을 때 파일 시스템에 오류가 생겼고, 이를 고치기 위해서 (원래 의도했던 대로) 스피릿은 재시동을 시도했던 것이다. 문제는 부족한 저장 공간 때문에 재시동조차도 제대로 완료할 수 없었고, 그 문제를 해결하기 위해서 스피릿은 다시 재시동을 시도한 것이다. 이런 상황 때문에 스피릿은 재시동을 무한정 반복하는 상태에 빠지게 됐다.[2]

스피릿 조종 팀은 이런 상황을 모르고, 그저 반복적으로 재시동을

2 Ronald Wilson 저, 「The trouble with rover is revealed」 『EE Times』 (2004년 2월 20일)

하고 있는 탐사선이 회복할 수 없을 만큼 망가지기 전에 이를 멈출 수 있는 방법을 찾아야 한다고만 생각했다. 연구소에서는 재시동 후에도 문제가 남아 있다는 사실 때문에 플래시 메모리flash memory, EEPROM[3], 하드웨어 중에 문제가 있다고 생각했다(만일 하드웨어 문제였다면 탐사선을 고칠 수는 없었을 것이다). 다행히도 탐사선 기술자들은 플래시 메모리와 EEPROM에 문제가 생기는 상황에 대비해서, 플래시 메모리를 건드리지 않고 재시동하는 방법을 설계해 두었고, 지구로부터 명령을 받는 수신 장치가 실행할 수 있는 몇 안 되는 명령 중에 그 방법이 있었다. 연구소는 그 명령을 몇 차례 송출했고, 결국 명령이 실행되자 계속 반복되던 재시동의 순환을 멈출 수 있었다. 연구소는 안도하면서 일부 자료를 회수했고, 스피릿을 오랜 시간 동안 잠재웠다.

이 이야기의 결말은 다행히도 해피엔딩이다. 스피릿은 2004년 2월 5일부터 정상적으로 운용되기 시작했다. 설치된 태양광 발전판의 기대 수명이 3개월뿐이었고 모래사장에 2년이나 발이 묶여 있는 적도 있었지만, 스피릿은 이후 수년간 임무를 수행했다. 스피릿이 마지막으로 보낸 성공적인 통신은 2010년 3월 22일로, 애당초 연구소에서 기대했던 것보다 7년이나 더 오래 동작한 셈이다. 미국 항공우주국이 공식적으로 스피릿의 임무를 종료시킨 것은 2011년 3월 25일이다. '해가 많이 뜨지 않는 화성의 혹독한 겨울 덕택에 기기 내부의 온도를 유지하기 위한 난방을 가동할 전원이 부족했고, 탐사선의 내부 온도는 화성에서의 지난 6년 중 어느 때보다 낮았던' 것이다. 이 책을 쓰는 2013년 3월 현재는 스피릿보다 3주 늦게 화성에 도착한 쌍둥이 탐사선 오퍼튜니티Opportunity가 화성의 표면을 탐험하고 있다.

스피릿의 오류 모드와 같이, 모드mode는 애플리케이션이 평소와는 다르게 동작하는 특별한 부분이다. 이는 특정 모드에 있는 동안에는, 어떤 버튼을 눌렀을 때 평소와 다른 기능이 수행된다는 뜻이다. 스피

3 (옮긴이) 컴퓨터 메모리의 일종인 Electrically Erasable Programmable Read-Only Memory의 약자로, 평소에는 데이터 읽기만 할 수 있지만 특수한 전자적 명령을 이용하면 덮어쓸 수도 있다. 구동 방식에는 차이가 있지만, 플래시 메모리의 전신이라고 볼 수 있는 방식이다.

릿이 무한정 재시동을 하게 되었던 것 같이, 순환_{loop}은 하나 이상의 명령이 반복되는 것을 의미한다(앞으로 다루겠지만, 마이크로인터랙션에서 순환은 전신학에서의 개념과는 조금 다르게 정의된다). 앞의 사례에서처럼, 순환과 모드는 조심스럽고 철저한 항공우주국 같은 조직에서도 다루기가 까다로운 개념이다.

모드

모드는 동작규칙에 있어서 갈라진 가지와 같은 개념이다. 마이크로인터랙션에서 모드는 아주아주 신중하게 적용해야 한다. 대부분의 경우, 마이크로인터랙션에는 모드가 없는 게 좋다. 하지만 모드가 필요한 경우도 있다. 모드가 있어야 하는 가장 대표적인 경우는 자주 사용하지도 않는 기능이 있어서 따로 숨기지 않으면 마이크로인터랙션의 본래 목적을 해칠 수 있을 때다. 설정 모드는 흔하게 볼 수 있는 모드로, 사용자가 마이크로인터랙션에 대한 설정 값을 바꿀 수 있게 해준다. 사용자가 설정 모드에 있는 동안에는 보통 기본 기능을 수행하는 대신 그 기능의 설정 값을 조정하게 된다. 이런 모드는 그 마이크로인터랙션에서 제공하는 다른 상호작용과는 구분되어 있다. 일기예보 앱(그림 5-1 참조)이나 주식시세 앱을 사용하기 위해서 우선 도시를 선택하거나 주식 종목 코드를 선택하는 순간이 여기에 해당한다. 이런 순간은 해당 마이크로인터랙션의 핵심 기능을 수행하는 게 아니라 거기서 갈라져 나간 동작규칙의 갈래로서 부차적인 기능을 수행하고 나면 본래의 핵심 기능으로 돌아오게 된다.

일반적으로 모드를 피해야 하는 이유는, 특히 화면에 명확하게 드러나지 않는 모드에 들어가게 되면 사용자의 오류를 야기할 수 있기 때문이다. 예를 들어서 편집 모드에 있을 때 사용자는 익숙한 화면이 아

그림 5-1 모드의 사례: 애플 iOS
에서의 일기예보 앱

닌 새로 나타난 화면에 대한 사용법을 다시 배워야 한다. 화면 상의 항
목을 클릭하는 단순한 동작도 완전히 다른 기능을 수행할 수 있다. 기
본 모드에서는 클릭한 항목을 선택하지만, 삭제 모드에서는 지워 버리
는 식이다. 마이크로인터랙션에서 모드는 단 하나만 있거나, 가능하다
면 아예 없어야 한다. 모드가 적을수록 사용자가 지금 어떤 모드에 있
는지 헷갈릴 가능성이 낮아지고, 마이크로인터랙션을 사용하기 위해
서 신경 써야 할 것도 줄어든다.

　마이크로인터랙션에 반드시 모드가 있어야 하는 경우라면, 가능한
한 그 모드를 독립적인 화면으로 만드는 것이 좋다(이는 앞서 3장에서
언급한 '각각의 동작규칙마다 별개의 화면으로 만들지 말 것'이라는 원
칙의 예외 상황이다). 이는 사용자로 하여금 그냥 좀 익숙하지 않은 상
태가 아니라 완전히 다른 모드에 들어와 있다는 것을 명확히 인지할

수 있게 함으로써 당혹감과 오류를 줄이는 데에 도움이 될 것이다. 이전의 기본 모드에서 새로운 모드로 바뀔 때 화면 전환 효과를 주는 것도, 사용자에게 어떤 특별한 작업을 위해서 잠시 이동한다는 의미를 부여하면서 모드 변화에 대한 유용한 단서를 제공해 줄 수 있다.

사용자가 어떤 모드로 들어갔다가 원래의 모드로 돌아갈 때, 원래의 모드는 사용자가 떠날 때와 똑같은 상태로 남아 있어야 한다. 물론 다른 모드에 있는 동안 바뀐 내용이 원래의 모드에 반영되어 있을 수는 있다. 예를 들어 날씨 앱에서 '도시 추가' 모드에 들어가 일기예보를 받을 도시를 추가하면, 날씨 정보를 보는 원래 상태로 돌아왔을 때 새로 추가한 도시가 나타나 있도록 하는 것이다.

용수철 모드와 일회성 모드

간단한 기능 하나를 수행하려고 다른 모드를 들락거려야 하는 것처럼 짜증나는 일도 없다. 마이크로인터랙션에서는 전통적인 모드 대신 용수철 모드_{spring-loaded mode}나 일회성 모드_{one-off mode}를 사용할 수도 있다. 이 두 가지 모드는 사용자가 무슨 모드에 있는지도 모르면서 갇혀 있는 경우가 없도록 해준다.

용수철 모드는 유사 모드[4]라고 부르기도 한다. 용수철 모드는 키를 누르거나 마우스 버튼을 누르는 것처럼 물리적인 행동을 했을 때 활성화되고 그 행동이 멈추면 종료된다. 용수철 모드의 전형적인 사례로는 키보드에서 쉬프트_{Shift} 키를 누르는 것을 들 수 있다. 쉬프트 키를 누르면 대문자 입력 모드가 켜지지만, 쉬프트 키가 눌려 있는 동안만 유효하다. 알트_{Alt}, 옵션_{Option}, 커맨드_{Command} 키[6]도 용수철 모드를 동작시키는 대표적인 사례에 해당한다.

용수철 모드는 두 가지 측면에서 중요한 의미를 갖는다. 용수철 모

4 유사 모드는 제프 라스킨 Jef Raskin의 유명한 저서 『The Humane Interface』(Addson-Wesley Professional)에서 소개되었다.[5]

5 (옮긴이) 이 책은 국내에 『인간 중심 인터페이스』라는 제목으로 번역 출간되어 있다. 원문에서 사용된 유사 모드quasimode라는 용어는 일종의 모드이면서도 보통의 모드들만큼 뚜렷하게 구분되지는 않는 상태라는 의미로 사용되었다.

6 (옮긴이) 이 대목에서는 애플 사의 Mac OS를 기준으로 특수 키를 설명하고 있지만, 윈도우를 비롯한 다른 운영체제의 경우에서 사용하는 컨트롤Ctrl, 알트Alt, 쉬프트Shift 키가 동작하는 방식도 이와 동일하다.

드를 사용자가 활성화시키려면 직접 물리적인 행동을 하고 있어야 하기 때문에 모드가 바뀌었다는 사실을 좀처럼 잊어버리지 않으며, 다른 화면으로 전환해야 할 필요도 없다. 시간이 걸리는 기능이나 복잡한 입력을 해야 하는 경우에는 용수철 모드가 적합하지 않을 수도 있다.

마이크로인터랙션에 있어서 용수철 모드는 신중하게 사용해야 하며, 대부분의 경우 전자 기기에 적용된다. 시작 버튼을 오래 누르고 있으면 재시동이나 재설정을 할 수 있는 것도 용수철 모드에 해당한다.

용수철 모드는 사용자에게 어떤 마이크로인터랙션을 시작할 수 있게 해주는 보이지 않는 트리거가 될 수도 있다. 검색 창에서의 자동완성 기능이 여기에 해당한다. 자동완성 기능은 검색 창에 문자를 입력했을 때만 나타나기 때문에, 용수철 모드의 일종이라고 할 수 있다.

일회성 모드는 용수철 모드와 많은 부분이 흡사하다. 일회성 모드는 사용자가 한 번의 행동을 수행하는 동안만 지속되고 바로 종료되는 모드이다. 이를테면, 아이폰iPhone에서 문자를 두 번 탭하면 잘라 붙이기 선택 창이 나타났다가 제시된 기능 중 하나를 선택하면 바로 사라진다. 마이크로소프트 오피스Microsoft Office의 최근 버전에서는 사용자가 문구를 선택했을 때 일명 '미니바minibar'라는 글꼴 조정 도구가 나타난다. 옴니그래플OmniGraffle에서는 선 긋기 같은 입력 도구를 선택하고 한 번 사용하면 다시 원래의 편집 상태로 돌아간다. 일회성 모드는 빠른 작업 전환(옴니그래플의 경우)이나 정황에 따른 사용 목적의 변화(아이폰이나 오피스의 경우)에 가장 적합한 방식이다.

일회성 모드는 동작이나 음성을 이용한 마이크로인터랙션에도 도움이 될 수 있다. 이를테면 키넥트Kinect 시스템이 연동되어 있는 엑스박스Xbox 게임기의 경우 명령 키워드(이 경우 '엑스박스'라는 명령어가 사용된다)가 일회성 모드의 트리거가 되어 따라오는 음성 명령을 실행시킨다. 일상 생활에 적용이 된다면 "조명! 어둡게!"라든가 "티비! 종료!"라고 하는 식이 된다(스타트렉Star Trek 시리즈에서도 비슷한 방식으로, "컴퓨터, 라이커 중령은 어디 있지?"라는 식의 음성 명령이 사용된다). 이와 마찬가지로 동작 인터페이스에서도 손 흔들기 같은 특정 동작을 마이크로인터랙션의 트리거로 사용하여 따라오는 동작 명령을 실행시키는 일회성 모드를 활성화시킬 수 있다. 이 두 가지 경우 모두, 일회성 모드는 사용자가 실수로 트리거를 동작시키는 것을 막아 준다. 일회성 모드는 어느 정도 시간이 지나면 종료되어야 하며, 이를 위해서 필요한 것이 순환의 개념이다.

순환

마이크로인터랙션 용어로 순환loop은 설정된 시간마다 주기적으로 반복되는 상황을 말한다. 반복 주기는 천 분의 몇 초가 될 수도 있고, 몇 분, 며칠, 혹은 심지어 몇 년이 될 수도 있다. 순환에서 가장 중요한 것은 이 주기를 어떻게 설정하느냐이며, 그게 마이크로인터랙션의 반응 속도와 지속 시간을 정하게 된다. 대부분의 경우 마이크로인터랙션 자체의 실행 시간은 짧지만, 그 전체나 일부분이 반복됨으로써 짧은 실행 시간 이상으로 긴 '수명'을 가질 수 있다.

순환은 (직접적이든 간접적이든) 동작규칙을 통해 표현된다. '데이터를 매 30초마다 확인한다'라거나 '3분 동안 실행하고 나서 멈춘다'라거나 '10일 후에 알림 메시지를 보낸다'라는 등은 모두 순환을 표현하고 있는 사례다.[7]

7 마이크로인터랙션의 순환은 전통적으로 전산학에서 정의하는 순환 개념과는 다른 방식으로 구현되기 때문에 개발자들은 이런 정의를 문제 삼을 수도 있다. 마이크로인터랙션에서 순환을 구현하기 위해서는 전산학에서 말하는 순환 명령 대신에 '대기Wait'나 '절전Sleep' 같은 명령을 사용하게 된다.

순환의 특성

우리는 4가지 종류의 순환을 다루게 된다.

- **횟수 기준 순환**

  이 종류의 순환은 정해진 횟수만큼 반복하고 종료된다. 예를 들어, 인터넷 접속이 되는지를 10번 시도한 후에 사용자에게 오류 메시지를 표시하는 경우가 여기에 해당한다.

- **조건 기준 순환**

  이 종류의 순환은 정해진 조건이 충족된다면 계속해서 반복된다. 만일 조건이 바뀌거나 종료된다면, 순환의 내용도 바뀌거나 종료된다. 인터넷에 접속되어 있다면 1분마다 새로운 트위터 메시지가 있는지를 확인하는 경우가 여기에 해당한다.

- **수집 기준 순환**

  횟수 기준 순환의 경우와 비슷하지만, 이 종류의 순환은 주어진 집합에 포함된 모든 항목을 대상으로 실행한 후에 종료된다. 이를테면 안 읽은 이메일 하나마다 새 메일 개수 표시를 하나씩 늘려가는 것이 여기에 해당한다.

- **무한 순환**

  일단 시작하면 오류가 생기거나 일부러 종료시키지 않는 한 계속 수행되는 순환이다. 스피릿 탐사선의 이야기에서 본 것처럼, 이런 경우는 가급적 피해야 한다. 하지만 조명을 켜는 것 같은 마이크로인터랙션은 기본적으로 무한 순환을 시작하여, 마이크로인터랙션 자체가 종료되거나 전구의 수명이 다 되기 전까지 조명이 꺼지지 않는다.

여기에 추가로, 개방형과 폐쇄형이라는 두 가지 종류의 순환이 더 있다. 마이크로인터랙션은 이 두 가지 순환을 서로 다른 목적으로 사용한다. **개방형 순환**은 피드백에 반응하지 않으며, 그냥 실행되고 종료된다(예: 매일 밤 10시에 조명을 끈다). **폐쇄형 순환**은 자체적인 피드백 기제를 가지고 있어서 스스로 행동을 조정하고 있다. 폐쇄형 순환의 사례로는 자동차가 달리는 중에 엔진 소음의 크기를 확인하고 카스테레오의 음량을 그때그때 조정해 주는 마이크로인터랙션을 들 수 있다.

2장에서 논의한 알고리듬의 경우와 같이, 순환에 필요한 변수들도 어떻게 정의하느냐에 따라 사용자 경험에 큰 영향을 준다. 순환 주기가 너무 짧으면 그 경험은 뭔가에 쫓기는 듯 느껴지거나 거슬릴 것이다. 순환 주기가 너무 길면 그 경험은 뭔가 굼뜨다거나, 심지어 아무 반응을 보이지 않는 듯한 느낌을 받게 된다. 그림 5-2는 주기가 설정된 순환의 사례를 보여 준다.

그림 5-2 Moo는 주문을 받으면 주기가 설정된 순환을 시작하고, 사용자가 그 주문에 포함된 디자인을 수정할 수 있는 시간이 얼마나 남았는지를 보여 준다. (제공: Matt Donovan, Little Big Details)

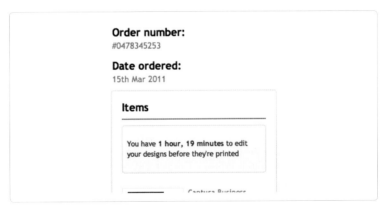

순환을 이용하면 어떤 행동이 너무 오랫동안 진행되지 않도록 할 수도 있고, 다른 과정이나 마이크로인터랙션 자체를 종료시켜버리는 일을 막을 수 있다. 이는 보안상의 목적으로 사용할 수도 있는데, 이를테면 인터넷 뱅킹 웹사이트의 경우 사용자가 몇 분 동안 아무 행동도 하지

않으면 자동으로 접속을 종료시켜버리는 경우가 여기에 해당한다. 하지만 이렇게 자동적으로 사용자의 행동을 종료시키는 것은 짜증을 유발할 수 있으므로 신중하게 사용해야 한다(그림 5-3 참조).

그림 5-3 Facebook에서는 사용자가 '친구 추가' 버튼을 너무 빨리, 너무 많이 클릭하면 경고 메시지를 보여 준다. (제공: Alfie Flores Nollora, Little Big Details)

사용자의 행동을 인식하기 위한 목적으로 순환을 사용할 수도 있다. 예를 들어서 사용자가 마이크로인터랙션의 어떤 부분에 너무 오래 머물러 있다면, 그 상황에 쓸모가 있을 법한 도움말을 보여 줄 수 있다(그림 5-4 참조).

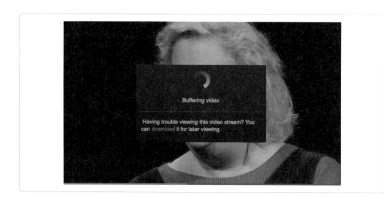

그림 5-4 TED 웹사이트는 동영상이 너무 오랫동안 버퍼링 buffering 상태에 있으면, 사용자에게 그 동영상을 다운로드 받아 나중에 볼 수 있는 기능을 알려 준다. (제공: Justin Dorfman, Little Big Details)

때로는 단순히 반복하는 것(개방형 순환)만으로도 충분하다. 하지만 가장 강력한 순환은 오랜 시간에 걸쳐 일어나며 시간이 지남에 따라 행동에 대한 피드백을 받아들이는 폐쇄형 순환이다. 이런 순환은 장기적 순환long loop이라고 할 수 있다.

장기적 순환

"어떤 물건의 완성된 방식이 스스로의 가치를 말해 주지 않는다면, 이는 그 물건의 디자인이 뭔가 잘못됐다는 것이다." - 데얀 수지크(Deyan Sudjic)

잠깐 망치에 대한 이야기를 해보자. 다른 대부분의 도구와 마찬가지로, 망치의 유용성도 몇 가지로 구분할 수 있다. 망치의 경우에는 못을 박거나 뽑는 기능도 있지만, 때때로 뭔가를 부수는 데도 사용된다. 하지만 마이크로인터랙션은 망치가 아니다. 마이크로인터랙션은 저장 장치를 가질 수 있으며, 데이터를 사용할 수 있다. 마이크로인터랙션은 반복될 수 있으며, 때로는 끝없이 순환할 수도 있다. 마이크로인터랙션을 디자인할 때 특정한 하나의 작업을 수행하는 데에 집중하는 대신 오랜 시간에 걸친 동작을 함께 고려함으로써 장기적 순환으로 만들 수 있다. 마이크로인터랙션을 두 번째로 실행할 때 그 행동을 개선할 수 있는 방법이 있는가? 열 번째 수행할 때는 어떤가? 만 번째 수행할 때는 어떨까? 그림 5-5와 5-6은 최근에 개선이 이루어진 마이크로인터랙션의 사례를 보여 준다.

순환은 디자인 컨설팅 회사 어댑티브 패스Adaptive Path의 사장이자 디자인 전략가인 브랜든 샤우어Brandon Schauer가 말하는 '오래 가는 감탄The Long Wow'을 만들어 낼 수 있다. '오래 가는 감탄'이란 새로운 경험이나 기능을 한꺼번에 몰아서 제공하는 대신 시간이 지남에 따라 여러 번

에 걸쳐 제시하고, 그렇게 함으로써 고객의 충성도를 유도할 수 있는 방식이다(그림 5-7, 그림 5-8 참조). 마이크로인터랙션에 있어서 '오래 가는 감탄'이란 시간이 지남에 따라 마이크로인터랙션을 조정함으로써 점차 사용자에 맞춰 변화하는 듯처럼 보이거나 심지어 완전히 새로운 경험으로 여겨지도록 하는 것이다. 이를 위해서는 그 마이크로인터

랙션을 제공하는 기기의 수명만큼이나 오랫동안 지속되는 장기적 순환이 필요하다. 심지어 사용자의 행동 데이터를 다른 곳에 저장하거나 새로운 기기로 옮길 수 있다면, 장기적 순환의 수명이 기기의 수명보다도 오래 지속될 수 있다.

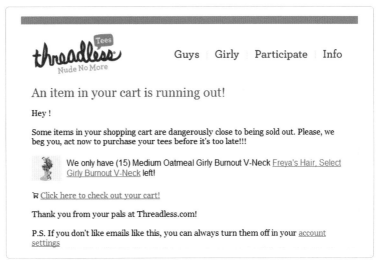

그림 5-7 Threadless는 쇼핑 카트에 담겨 있는 상품이 매진되려고 하면 이메일을 통해서 알려 준다. (제공: Little Big Details)

그림 5-8 인터넷에서 흔히 찾아볼 수 있는 '내 정보 기억하기 Remember Me' 체크박스는 망가진 순환의 대표적인 사례다. 체크박스를 선택했을 때 도대체 무슨 일이 벌어지는가? 자동적으로 사용자를 로그인시켜 주는가? (보통은 그렇지 않다.) 대부분의 경우, 이 기능은 사용자가 그 체크박스를 선택했다는 사실조차도 반영하지 않고 다음에 방문했을 때 체크박스를 선택하지 않은 상태로 표시한다. (제공: Jack Moffett)

장기적 순환은 마이크로인터랙션을 사용자가 한 번 사용하는 것 이상의 경험으로 확장해 준다. 구입 희망 목록에 들어 있는 상품을 매주 알려 주는 것이 한 가지 사례고, 앞서 언급한 '내 정보 기억하기' 체크박스 역시 사례가 된다. 사용자가 이전에 사용했던 마이크로인터랙션으로 돌아왔을 때, 이상적인 경우라면 이전에 사용했던 정보가 저장되어 있기 마련이다. 음악을 크게 듣고 싶어 하는 사용자가 설정했던 음량은 그렇지 않은 사람이 설정한 음량과는 다를 것이다(그림 5-9 참조).

그림 5-9 ThinkGeek은 사용자가 연휴를 즐기는 동안 한시적으로 이메일을 받지 않도록 설정하는 기능을 제공한다. (제공: Kayle Armstrong, Little Big Details)

점진적인 공개 혹은 점진적인 축소

장기적 순환의 또 다른 사용 사례는 오랜 기간에 걸쳐 기능을 점진적으로 공개하는 것이다. 사용자가 제품에 익숙해지면 상세한 안내는 더 이상 필요가 없으며, 그 대신 숙련된 사용자로 대우받아야 한다. 예를 들어, 사용자가 마이크로인터랙션을 몇 차례 사용하고 나면 단축키처럼 더욱 진보된 기능을 추가할 수가 있다.

또 다른 접근 방법은 점진적인 축소로, 사용자가 점차 마이크로인터랙션에 익숙해져 사용법에 대한 설명이 불필요해짐에 따라 마이크로인터랙션이 단순해지는 것이다(그림 5-10 참조). 하지만 이 방식은 신중하게 적용해야 한다. 사용자가 해당 제품을 한동안 쓰지 않았다면, 그 마이크로인터랙션에 대한 설명이 다시 필요할 수도 있다. 점진적 축소가 사용자에게 주는 혜택은 무엇보다도 깔끔한 인터페이스라고 할 수 있으며, 사용자가 제품에 익숙해졌다는 것에 대해서 보상해 주고 이를 활용해 사용자의 경험을 개선한다.

화성에서 스피릿 탐사선이 겪은 재앙에 가까운 이야기가 말해주듯이, 순환과 모드는 구현하기도 유지하기도 까다로운 문제다. 하지만 순환과 모드를 이용하면 자주 사용하지 않는 기능을 하나의 모드(예: 설정)에 모아 놓음으로써 마이크로인터랙션을 더욱 깔끔하게 만들 수

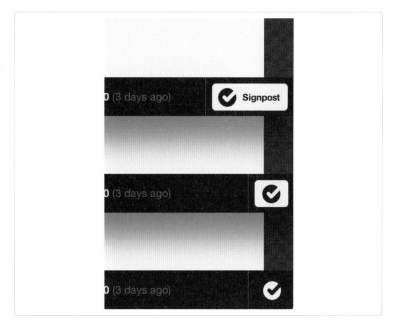

그림 5-10 LayerVault에 적용된 점진적 축소의 예. 처음에는 'Signpost' 버튼이 커다란 아이콘과 문자 레이블로 제시되지만, 사용자가 익숙해질수록 문자 레이블이 사라진다. 숙련된 사용자가 되면, 버튼은 거의 눈에 띄지 않게 바뀐다. (제공: LayerVault)

있고, 시간이 지날수록 마이크로인터랙션이 사용자에 맞춰 바뀔 수 있도록 함으로써 더욱 풍부한 경험을 제공할 수 있다.

이로서 마이크로인터랙션의 구조에 대한 이야기가 끝났다. 이제는 여기까지 우리가 배운 것을 하나로 엮을 차례다.

요약

자주 쓰이지 않고 마이크로인터랙션만 복잡하게 만드는 기능이 있다면 모드를 딱 하나만 만들어라.

모드를 만들어야 하는 경우에는, 가능한 한 그 모드는 별도의 화면으로 설계하라.

기능을 빠르게 수행하기 위해서는 전통적인 모드보다는 용수철 모드나 일회성 모드를 고려하라.

마이크로인터랙션의 수명을 늘리기 위해서는 순환을 사용하라.

순환에 적용할 변수들은 최선의 사용자 경험을 위해서 신중하게 생각해 결정하라.

장기적 순환을 사용하면, 시간이 지남에 따라 이전의 사용 정보를 활용해서 마이크로인터랙션을 구성하는 요소를 점진적으로 추가하거나 줄여나갈 수 있다.

6 마이크로인터랙션
프로젝트의 사례

2008년 2월 보스턴의 추운 밤, 리아 부스크_{Leah Busque}는 남편과 함께 저녁을 먹으러 외출하던 길에 애완견 코베_{Kobe}에게 줄 사료가 떨어졌다는 사실을 깨달았다. 식당으로 가려고 막 나가던 참이고 이미 택시도 불러 놓은 상태였지만, 어떻게든 강아지에게 먹이를 줘야 했다. '이럴 때 온라인으로 우리가 낼 수 있는 심부름 값과 함께 '개 사료 좀 사다 주세요'라는 주문을 해서, 가까이 사는 (기왕이면 그 순간 때맞춰 상점에 있던) 누군가에게 도움을 받을 수 있다면 얼마나 좋을까?' 이렇게 생각한 그녀는 택시가 목적지에 도착하기도 전에 RunMyErrand.com[1]라는 인터넷 주소를 구매했다.[2]

RunMyErrand는 결국 벤처회사 태스크래빗_{TaskRabbit}이 됐고, 부스크는 그 회사의 창업자 및 사장이 됐다. 태스크래빗은 헌 옷을 기부할 곳에 갖다 준다든가 강아지 사료를 구입한다든가 하는 자잘한 일을 대신해 줄 사람을 같은 지역에서 찾을 수 있게 도와준다. 태스크래빗은 2011년까지 수백만 달러의 자금을 지원받았고, 35명 규모의 회사로 성장했으며, 매달 4백만 달러를 벌어들이는 회사가 됐다.

태스크래빗의 핵심은 마이크로인터랙션에 있다. 회원이 할 일_{task}을

1 Run My Errand: '심부름 좀 해 주세요'

2 인터뷰 기사: Alyson Shontell, 「Founder Q&A: Make A Boatload Of Money Doing Your Neighbor's Chores On TaskRabbit」, 『Business Insider』(2011년 10월 27일)

맡을 수 있는 '토끼_{rabbit}' 회원들에게 심부름거리를 알려 주면 토끼 회원들은 그 일에 대한 심부름 값을 제시한다. 할 일을 설명하는 작업 자체는 마이크로인터랙션이다. 중요하지만 별 재미는 없는 이 작업 하나가 서비스 전체의 중심에 있는 것이다. 이 마이크로인터랙션은 처음에는 이런저런 문구로 가득 찬 양식으로, 사용자가 도움 받고 싶은 일에 대해서 상세하게 적는 방식이었다(그림 6-1 참조). 하지만 2011년 모바일 앱을 설계하는 과정에서 기존의 방식을 단순하게 만들어 보고 나서, 이 회사는 '세심하게 설정된 기본값'을 쓰고, '정보를 앞당겨 제공'하고, 사용자가 할 일을 작은 조각으로 나누면 기존의 방식을 개선할 수 있다는 것을 알게 됐다. 오늘날 '태스크래빗 심부름 등록 양식'에서 확인할 수 있으며 UX 부서장 새라 해리슨_{Sarah Harrison}도 설명했듯이, "시간이 지날수록, 우리는 이 서비스를 통해 다뤄지는 '심부름'에 대해서 점점 더 잘 알게 됐고, 그에 따라 우리의 소프트웨어도 점점 더 섬세해 졌습니다. 우리는 심부름을 몇 가지 대표적인 유형으로 분류할 수 있

그림 6-1 태스크래빗의 초창기 심부름 등록 양식 (제공: Sarah Harrison)

게 됐으며, 선택한 심부름 유형과 관련이 없는 상세 질문은 감추고 관련된 내용만 물어 보면서 기본 설정을 적절히 제공함으로써 그 유형에 맞춰 특화된 양식을 만들어 냈습니다."

그 결과로 나타난 것이 그림 6-2과 그림 6-3에서 볼 수 있는 제법 큰 규모의 마이크로인터랙션이다. 사용자가 심부름의 종류를 선택하기만 하면(그림 6-2), 마이크로인터랙션의 다음 단계는 그 종류에 따라 미리 기본값이 맞춰져 제공된다(그림 6-3). 사용자들은 바뀐 인터페이스에 열광했다. "심부름을 입력할 때 고민할 필요가 없어요.", "내가 질문할 내용에 대한 답변이 이미 모두 들어 있습니다." 사용자의 이런 반응은 그 마이크로인터랙션이 훌륭하게 제 일을 하고 있다는 증거다.

이번 장에서 우리는 이제까지 이야기한 모든 내용을 종합하여, 알람을 설정하는 모바일 앱, 음악 재생 목록을 공유하는 웹 위젯widget, 식기 세척기를 제어하는 조작 패널 이렇게 세 가지 마이크로인터랙션 사례를 만들어 볼 것이다.

그림 6-2 새로 디자인된 태스크래빗의 심부름 등록 마이크로인터랙션 중 첫 번째 단계 (제공: Sarah Harrison)

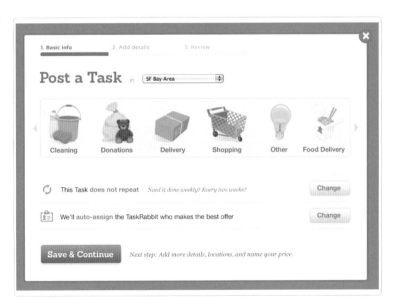

그림 6-3 태스크래빗의 심부름 등록 두 번째 단계. 일단 심부름 유형을 선택하고 나면, 나머지 마이크로인터랙션은 그 선택에 맞춰 제공된다. (제공: Sarah Harrison)

그림 6-4 심부름에 대한 보상을 입력해야 할 때, 태스크래빗은 "얼마나 제시하면 될까?"라는 질문에 대한 정보를 앞당겨 제시해 준다. (제공: Rishi Shah)

사례1: 모바일 앱

첫 번째로 알람을 설정하는 아이폰 앱을 생각해 보자. 이 경우 앱 전체가 마이크로인터랙션이 된다. 앱이 수행하는 일은 사용자가 알람 시간을 설정하도록 해주는 것이다.

우선 생각해 봐야 할 것은 마이크로인터랙션의 목적이다. 특정 시간이 되면 알람이 울려야 한다. 대부분의 경우 아침에 일어나기 위함일 것이다. 알람을 설정하는 것은 목적이 아니라 그 목적을 이루기 위한 동작규칙임을 명심하라. 이제 필요한 동작규칙을 이 시점에서 아는 대로 적어 본다.

1. 사용자가 알람이 울릴 시간을 선택한다.
2. 알람이 설정된 시간에 울린다.
3. 사용자가 알람을 끈다.

동작규칙은 나중에 좀 더 자세히 작성하게 될 것이다. 다음으로는 트리거를 살펴보자.

이 마이크로인터랙션이 아이폰 앱이라고 정한 순간, 트리거는 이미 정해진 셈이다. 바로 아이폰 홈 화면에 떠 있는 표준 아이콘이다. 그렇다면 여기에 '정보를 앞당겨 제공'할 수 있는 방안을 생각해 보자.

마이크로인터랙션을 시작하기 전에 사용자가 보고 싶어할 정보가 딱 하나 있다면 그게 뭘까? 알람이 설정되어 있는지 아닌지, 그리고 설정되어 있다면 몇 시로 설정되어 있는지일 것이다. 앱에 들어 있는 정보를 겉으로 표현하고자 할 때 아이폰이 제공하는 방식은 배지badge인데, 여기서 약간의 문제가 생긴다. 예를 들어 윈도우 모바일Windows Mobile에서 제공하는 라이브 타일live tile처럼 다른 운영체제에서는 설정된 알람이 있는지, 있다면 몇 시로 설정되어 있는지를 문자나 시간으로 표시할 수 있다. 하지만 이 책을 쓰고 있는 현재 iOS에 적용되는 배지는 오직 최대 4자리의 숫자만 표시할 수 있다. 그렇다면 어떻게 해야 할까? 알람이 아침 6시 30분으로 맞춰져 있다면 배지에 '630'이라고 표시할 수 있을 것이다. 그렇다면 12시30분은 어떨까? '1230'이라고 표시했을 때 의미를 명확히 전달할 수 있을까? 무엇보다 배지는 보통 새로운 메시지 개수 같은 정보를 표현하기 위해서 쓰이기 때문에, 시간을 나타내는 이런 접근은 일반적인 방식에 비해 매우 이례적이라고 할 수 있다. 또한, 배지를 이용해서 시간을 표시한다면 오직 하나의 알람만 표시할 수 있다. 배지 기능에 주어진 제약 조건 하에서는 여러 개의 알람 시간을 표현할 수가 없는 것이다! 애당초 알람을 하나만 만들 수 있다면 동작규칙은 훨씬 더 간단해지기 때문에, 이게 꼭 나쁜 일이라고만 볼 수는 없다. 물론 이렇게 하더라도 배지를 통해 여러 개의 알람 설정 시간을 표시하는 것이 가능하다. 항상 다음에 울릴 알람 시간만 표시해 주면 되는 것이다. 하지만 그 방법 역시 사용자에게 혼돈을 가져올 수 있고, 혼돈은 언제나 마이크로인터랙션의 적이다. 잘 모를 때는 단순하게 만들 수 있는 방법을 찾아보자. 즉, iOS의 배지에 대한 제약 조건이 바뀌거나, iOS가 아닌 다른 운영체제에서 앱을 개발하게 될 때까지는 현재 활성화되어 있는 알람의 개수만을 앞당겨 표시하기로 하는 것이다. 이는 설정된 알람 시간을 아는 것만큼 유용하지는 않지만, 알람이 설정되어 있는지 여부를 한눈에 알 수 있으니 나름의 쓸모가 있다.

우리가 사용하게 될 트리거에는 레이블이 필요하다. 이 경우 레이블은 앱의 이름이 되며, 이 앱은 'AlarmD'라고 부르기로 하자.

AlarmD가 구동됐을 때에는 어떤 일이 생기는가? 앱이 실행됐을 때, 화면에는 무엇이 나타나는가? 이루어야 할 목표가 특정 시간에 알람이 울리도록 하는 거라면, 화면에는 설정되어 있는 알람 시간이나 알람 시간을 설정하라는 안내문이 나와야 한다.

이 대목에서 '백지에서 시작하지 않도록' 하기 위해서, 잠깐 멈추고 우리가 사용자에 대해서 무엇을 알고 있는지를 생각해 보자. 우리는 사용자가 어떤 기기와 운영체제를 쓰는지를 알고 있으며, 따라서 어떤 센서를 사용할 수 있는지도 알 수 있다(카메라, 마이크, 가속도계, 나침반 등). 또한 시간과 장소도 알 수 있다. 사용자가 전에 이 앱을 사용한 적이 있다면, 이전에 설정했던 알람 시간과 반복에 대한 정보도 알 수 있을 것이다. 똑같은 알람을 매일 같이 울리도록 설정했는가? 아니면 주중에만 울리도록 설정했는가? 그 알람이 울렸을 때 무슨 일이 있었는지도 알 수 있다. 사용자가 '다시 알림Snooze' 버튼을 누른 적이 있는가? 그랬다면 몇 번이나 눌렀는가? 이런 정보를 근거로 동작규칙을 몇 줄 추가해 보자.

1. 사용자가 같은 시간에 알람이 울리도록 3일 이상 연속으로 설정한 적이 있고 현재 알람이 설정되어 있는 상태가 아니라면, AlarmD 앱을 시작할 때 사용자에게 같은 시간에 알람을 맞출지를 묻는다. 만일 사용자가 제시된 시간에 실제로 알람을 맞춘다면, 앱을 시작할 때마다 같은 내용을 제공한다. 사용자가 제시된 시간을 선택하지 않으면 처음부터 다시 시작한다.
2. 휴대폰의 시간 표시 방법이 24시간 방식이면, 같은 방식으로 시간을 표시한다.
3. 설정된 알람을 표시하고, 알람이 울릴 때까지 남은 시간도 함께 표시한다. (예: '8시간 남았습니다.')
4. 사용자가 알람 시간을 선택한다.
5. 알람이 설정된 시간에 울린다.
6. 사용자가 '다시 알림' 버튼을 누르면, 5분 후에 다시 울린다. 그 다음부터는 '다시 알림' 버튼이 눌릴 때마다 다시 울리는 간격을 1분씩 줄이되, 최소 1분 간격을 유지한다.
7. 일주일 이상 사용하는 동안 사용자가 '다시 알림' 버튼을 한 번도 누르지 않았다면, 알람에서 그 기능을 제외시킨다.
8. 사용자가 알람을 끈다.

이 동작규칙에는 일반적인 짧은 순환('다시 알림' 버튼이 눌린 횟수) 외에도 시스템 트리거와 공존하게 될 장기적 순환('3일 이상 연속으로')이 포함되어 있음을 볼 수 있다. '8시간 남았습니다.' 같은 표시는 알람 시간을 설정할 때 오전/오후를 잘못 선택한다든가 하는 '사람의 실수를 방지'하기 위한 방법이다. '다시 알림' 버튼을 없애는 것은 사용자가 선택해야 할 옵션을 줄여 주기는 하지만, 아무래도 논란의 여지가 있다. 어딘가 설정을 통해서 그 버튼을 다시 표시할 수 있는 방법이 필요할 수도 있다. iOS 운영체제를 사용하는 앱이 아니라면, '다시 알림' 버튼을 누를 때마다 알람 소리를 점점 더 크게 할 수도 있다(iOS에서는 앱이 기기의 음량을 조정할 수 없기 때문에 그런 기능을 구현하기에는 제약이 있다).

다음으로는 조작부에 대해서 생각해 보자. 사용자는 알람을 설정하거나 취소하고 끌 수 있어야 하고, 알람이 울릴 때는 '다시 알림' 기능으로 알람 시간을 미룰 수 있어야 한다. 이런 기능들은 모두 사용자 인터페이스에 시각적으로 표현되어 있거나, 그렇지 않은 경우엔 멀티터치multitouch 동작으로 구동되는 모종의 조작 장치가 필요하다. '다시 알림' 기능을 제외하면 대부분 필수적으로 필요한 조작이며, 이 기능을 사용하는 경우는 사용자가 잠이 덜 깬 상태라서 버튼을 누르는 것 이상의 복잡한 조작을 기대할 수 없다. 제공해야 할 조작 중에서 알람 시간을 설정하는 일이 가장 복잡하며, 나머지는 모두 단순히 버튼을 탭하는 것만으로 수행할 수 있는 수준이다. 알람 시간을 설정하는 방식에는 몇 가지가 있는데, 운영체제에서 제공하는 원통형 선택 장치(애플의 시계 앱이 이 방식을 사용한다)를 사용할 수도 있고 별도로 설계된 조작 장치(아날로그 시계에서 직접 시간을 선택한다든가)를 사용할 수도 있다.

여기서 시간을 설정하는 기능을 이 마이크로인터랙션의 '특징적인 순간'으로 만들지, 아니면 그냥 얼른 수행할 수 있게만 만들지를 잠깐 생각해 볼 필요가 있다. 오늘날 시장에는 천 개가 넘는 알람 앱이 나와 있기 때문에, 알람을 설정하는 기능을 독창적이고 재미있게 만드는 것도 좋은 생각이다. 나는 기차역의 오래된 시간 안내판에서 볼 수 있는 것처럼 숫자판을 넘기는 방식을 좋아하기 때문에, 이 앱에서도 그 방식을 채용하기로 한다. 또한, 사실 알람을 정확히 어떤 시각에 맞추려는 사람은 없을 테니 분을 선택하는 장치는 5분 단위로 넘어가게 해서 대부분의 사람이 대부분의 경우에 수행하는 행동에 최적화하기로 한다.

이렇게 특별히 만들어진 조작 장치에 생명을 불어넣는 것은 조작 중에 제시되는 피드백이다. 이 마이크로인터랙션의 피드백은 숫자판이 넘어갈 때마다 딸깍거리는 기분 좋은 소리를 내야 하며, 숫자판이 넘어가는 모습도 시각적으로 중력에 따른 자연스러운 움직임인 것처럼 보여야 한다. 또 다른 중요한 피드백은 알람 그 자체다. 알람 소리는 사용자에게 아이폰의 기본 음향 중에서 선택하도록 할 수도 있고 사용자가 저장해 둔 음악 중에서 고를 수도 있지만, 이 앱을 위해서 따로 기본 알람 소리를 만들어 제공하면 사용자에게 뚜렷한 인상을 줄 수 있다. 알람을 취소하거나 끌 때도 특별히 만든 음향을 적용할 수 있다. 가스 난로를 끌 때 들리는 것 같은, 또렷한 기계음이 적당하겠다. 알람을 끌 때도 그냥 소리를 뚝 하고 끄는 것보다 음량을 점점 줄이는 방식을 취할 수 있다.

마지막으로 고려해야 할 것은 순환과 모드다. 여기서 분명히 생각할 수 있는 모드는 알람 시간을 설정하는 부분이다. 하지만 알람을 하나만 설정할 수 있도록 하는 경우에는 **일회성 모드**로도 충분하다. 알람 목록에서 선택하면 알람 설정 모드가 열리고, 사용자가 알람을 설정하면 모드가 종료된다. 보다 전통적인 의미의 모드는 '설정' 화면으로, 다시 '알림 기능'의 시간 간격 같은 항목을 사용자가 바꿀 수 있게 해주고자 한다면 필요한 모드다. 나는 설정을 따로 만들지 않는 쪽을 추천한다. 최소한 앱을 처음 공개할 때는 기본 설정값만으로도 사용하기에 충분하도록 만들어 둬야 한다.

순환에 대해서 말하자면 생각해야 할 부분이 많다. 알람은 몇 가지 종류의 순환을 한데 모아 놓은 것이다. '다시 알림 기능'은 구동될 때마다 횟수 기준 순환(알람을 5분 후, 4분 후, 3분 후, 2분 후에 다시 울린다)에서 조건 기준 순환(1분마다 다시 울린다)으로 바뀌는 기능이다. 무엇보다 알람 자체도 특정 시간(조건)이 됐을 때 시작해서 사용자가 멈출 때까지 계속 울린다는 점에서 장시간에 걸친 조건 기준 순환이라고 볼 수 있다. 물론 이 동작규칙에는 제한 시간을 추가해서, 어느 정도 시간(10분)이 지날 때까지 알람을 끄는 사람이 없다면 자동으로 알람을 멈추도록 해야 할지도 모른다.

여기서 만일 운영체제에 따른 제약이 없다면, 순환을 더욱 심도 있게 활용할 수 있는 방안이 있다. 알람이 울리기 2분 전에 휴대폰의 카메라를 통해서 실내 조명을 확인하고, 주변이 어둡다면 2분 동안 화면을 점점 더 밝게 함으로써 최종적으로 알람이 울릴 때는 방안이 밝아질 수 있게 할 수 있다면 좋을 것이다. 하지만 iOS 운영체제에서는 앱이 저절로 구동되게 할 수가 없다(물론 그런 기능이 가능하다면 남용될 수 있는 소지가 다분할 테니 충분한 이유가 있는 제약조건이다). 화면에 표시할 수 있는 것은 알림창 정도인데, 알림창만으로는 화면 밝기를 조절할 수가 없다.

이 마이크로인터랙션에는 장기적 순환도 몇 개 포함되어 있다. 사용자가 반복적으로 사용하는 알람을 쉽게 설정할 수 있도록 제시해 준다든가, 다시 알림 버튼을 잘 쓰지 않으면 화면에서 숨긴다든가 하는 기능이 여기에 해당한다. 우리는 알람이 반복되도록 설정하는 (즉, 사용자가 직접 순환을 만들 수 있는) 기능을 일부러 포함시키지 않았다. 그런 기능은 앱을 훨씬 더 복잡하게 만들기 때문에, 사용자가 같은 알람을 반복적으로 설정하는지를 확인하는 장기적 순환의 형태로 마이크로인터랙션 자체에 부분적으로 포함되어 있다. 이 순환에 좀 더 섬세함을 더해서 알람이 주중으로 설정되어 있는지 주말로 설정되어 있는지를 확인해서 그에 따라 다르게 반응하도록 할 수도 있겠지만, 동작규칙을 단순하게 유지하기 위해서 더 이상은 고민하지 말기로 하자.

여기까지가 이 책에서 설명한 원칙을 통해 디자인된 마이크로인터랙션의 첫 번째 사례이다. 이제 다른 사례를 시도해 보자.

사례 2: 재생 목록의 온라인 공유

우리가 이야기하게 될 두 번째 사례는 (가상의) 온라인 음악 웹 서비스를 위한 마이크로인터랙션이다. 이 음악 서비스가 제공하는 기능 중에 재생 목록을 공유할 수 있는 기능이 있어서 사용자가 친구들과 음악을 서로 추천할 수 있다고 하자. 또한 이 서비스는 아이튠즈iTunes 같은 다른 서비스를 통해서 받은 노래와도 연동되며, 친구를 추가하거나 음악을 재생하는 기능은 이미 구현되어 있다고 가정해 보자.

우선 목적에 대해서 생각하는 것부터 시작한다. 사람들이 이 마이크로인터랙션을 쓰고 싶어 하는 이유는 새로운 음악을 발견하고 공유하는 데 있다. 물론 이 마이크로인터랙션을 쓰는 데는 친구들에게 자신의 감정 상태를 털어놓거나 자기가 얼마나 훌륭한 음악적 취향을 갖고 있는지를 자랑하고 싶은 비밀스러운 의도가 있을 수도 있다. 그렇게 감춰진 동기도 중요하다.

우선 기본적인 동작규칙부터 대략 적어 보자.

1. 친구한테 새로운 곡을 받으면, 재생 목록에 추가된다.

2. 사용자는 직접 곡을 재생 목록에 추가할 수 있다.

3. 새로운 곡이 재생 목록에 추가된다.

이 마이크로인터랙션은 두 개의 트리거를 갖는다. 하나는 사용자가 노래를 추가하는 수동 트리거이고, 다른 하나는 사용자의 친구가 노래를 보내줬다는 시스템 트리거다. 수동 트리거에 대해서 먼저 이야기해 보자. 재생 목록에 들어 있는 곡을 보여 주는 화면이 있다고 할 때, 사용자가 그 목록에 노래를 추가할 수 있다는 것을 알게 하려면 어떻게 해야 할까? 다른 서비스에서도 이 재생 목록에 노래를 추가할 수 있게 하려면(이 시스템은 추가된 음악을 모두 저작권 문제 없이 재생할 수 있다고 가정한다), 노래를 재생 목록에 끌어다 놓는 방식이 괜찮을 것으로 보인다. 사용자가 이런 방식을 알아채게 하려면, 재생 목록의 맨 위에 빈칸을 만들어 놓고 "여기에 노래를 끌어다 놓으세요"라고 적어 두면 된다. 사용자가 노래를 성공적으로 재생 목록에 추가하고 나면, 그 문구를 "지금 무슨 곡을 듣고 있나요?" 같은 것으로 바꿀 수도 있다. 어쩌면 이 자리에는 "오늘의 음악은 뭔가요?"나 "무슨 노래를 듣고 있는 거죠?" 같은 문구를 돌아가면서 표시할 수도 있을 것이다.

다른 수동 트리거는 없을까? 이 음악 서비스에 메뉴 바menu bar가 있다면, 거기에 "공유 재생 목록에 추가"라는 항목을 넣을 수도 있을 것이다. 공유 재생 목록은 사용자가 곡을 선택했을 때 동작하며, 선택된 곡이 없다면 대화상자를 열어 사용자가 음악 파일을 선택하도록 한다. 이렇게 메뉴를 통한 트리거는 사실 너무 거추장스럽고 복잡하기 때문에 재미가 없다. '공유 재생 목록에 추가' 항목은 이미 서비스에 추가되어 있는 곡을 선택했을 때만 동작하도록 하자. 외부 서비스로부터 추가하고자 하는 곡은 재생 목록으로 직접 끌어다 놓아야 한다. 여기에 단축키 명령도 추가해서 이 서비스를 자주 사용하는 사람들은 노래를 선택한 후 단축키를 이용함으로써 메뉴나 끌어다 놓기 방식과 씨름하는 일 없이 선택한 노래를 쉽고 빠르게 추가할 수 있도록 하자.

사용자가 노래 제목이나 가수 이름을 입력해서 노래를 추가할 수도 있다. 하지만 더 많은 종류의 트리거를 가질수록 마이크로인터랙션은 더욱 복잡해진다. 게다가 노래 제목을 입력하는 것은 사실 재생 목록에 노래를 추가하는 표준적인 방식도 아니다.

재생 목록에 노래를 추가하는 것은 (특히 사용자의 친구가 노래를 추가해 줬을 때) 애니메이션 같은 피드백을 제공할 수 있는 최적의 순간이다. 재생 목록 전체가 한 칸 내려오고, 가볍게 튕기는 소리와 함께 새로 추가된 노래가 맨 윗줄에 나타난다. 이 서비스는 음악에 대한 것이므로, 음향 피드백을 제공하는 게 더욱 적절하다.

이외에도 친구들이 사용자와 공유하고 있는 재생 목록에 노래를 추가할 수 있는 시스템 트리거가 있다. 웹 브라우저의 탭에서 이 서비스를 맨 앞에 열어 놓고 있었다면, 노래가 도착할 때 시각적으로는 물론 청각적으로도 알게 된다. 하지만 브라우저 탭이 맨 앞에 있지 않은 경우에도 브라우저 탭을 살짝 바꿔서 무슨 일이 생겼다는 표시를 할 수가 있다. 모바일 앱의 '배지'와 같이, 브라우저 탭의 아이콘을 웃는 얼굴을 가진 음표로 바꾸도록 한다. 이 아이콘을 '음표씨'라고 부르자.

사용자가 재생 목록에 노래를 끌어다 놓았을 때, 시스템이 그 노래가 어떤 곡인지를 알아내고 준비하는 데는 시간이 걸릴 수 있다. 그냥 흔히 쓰는 돌아가는 아이콘을 쓸 수도 있지만, 왜 굳이 그래야 하나? 피드백은 마이크로인터랙션에 개성을 부여할 수 있는 최적의 기회다. 여기서 우리는 '간과하는 부분을 사용'하여 음표씨에 로딩 애니메이션을 적용할 것이다. 추가된 노래를 찾는 중에는 음표씨가 '두리번거리는' 모습을 표시하고, 검색 결과가 나오면 다시 웃는 얼굴로 바꿀 수 있겠다.

검색 결과가 하나만 있거나 가수 이름과 노래 제목이 모두 일치하는 결과가 있다면 그 곡은 바로 재생 목록에 추가되지만, 그렇지 않고 검색된 내용에 몇 가지 다른 버전이 있거나 어떤 곡인지가 명확하지 않다면 여러 개의 결과를 보여 줄 수도 있다. 가능한 검색 결과를 보여 줄 때에는 알고리듬이 중요한 역할을 한다. 너무 많은 정보로 사용자를 당혹스럽게 하고 싶지는 않기 때문에, 최대 3개까지의 검색 결과만 보여 주기로 한다. 노래 제목보다 가수 이름을 올바르게 입력할 가능성이 높기 때문에, 알고리듬에서 그 사실을 정렬 기준으로 적용하여 가수 이름이 일치하는 결과를 먼저 나열하자. 나열된 세 개의 결과가 정확하지 않다면, 다음 세 개의 결과를 불러올 수 있는 방법을 제공해 줄 수 있다. 검색 결과가 하나도 없다면, 음표씨가 나타나 슬픈 표정을 지을 수도 있다.

이 대목에서, 사용자가 공유 재생 목록으로부터 노래를 삭제할 수 있는지 여부를 결정하자. 일단 할 수 없다고 생각해 보자. 최악의 경우 사용자가 어떤 곡을 싫어한다고 할지라도, 그냥 조작 장치를 이용해서 다음 곡으로 넘어가면 되는 것이다. 또한 재생 목록의 순서를 바꾸는 기능도 없다고 가정하자. 이후의 검증 과정이나 출시 이후에, 이런 결정이 이 서비스를 사용하는 데 결정적으로 부정적인 영향을 미친다고 밝혀질 수도 있다. 하지만 당장 이 단계에서는 동작규칙을 단순하게 하는 데 도움이 된다.

이제 동작규칙이 어떻게 바뀌었는지 살펴보자.

1. 친구한테 새로운 곡을 받으면, 재생 목록에 추가된다. 브라우저 탭에 음표씨를 표시한다.
2. 사용자는 노래를 재생 목록 맨 위에 끌어다 놓거나, 메뉴에서 '재생 목록에 추가' 항목을 선택하거나, 단축키 명령을 입력함으로써 선택

한 노래를 직접 재생 목록에 추가할 수 있다.

3. 새로운 노래가 추가되면 일치하는 노래를 검색한다. 맞는 노래를 찾으면 세 곡 단위로 표시하고 사용자가 찾는 곡을 선택하도록 한다. 맞는 곡이 없을 때에는 슬픈 표정의 음표씨를 표시한다.

4. 새로운 노래가 재생 목록의 맨 위에 표시되고, 추가된 순서대로 정렬된다.

이 마이크로인터랙션에 좀 더 깊이를 더할 수 있는 방법이 있을까? 앞당겨 표시할 만한 정보가 있는가? 재생 목록에 있는 노래에 누가 보내준 곡이고 언제 추가됐는지를 표시한다면 분명히 더 좋을 것이다. 목록 전체의 재생 시간과 포함된 노래의 개수도 유용한 정보가 된다. 노래를 추천해 준 친구에게 그 곡에 대해서 간단히 의견('80년대 곡은 이제 그만 좀!')을 보낼 수 있는 것도 여기에 추가할 만한 좋은 마이크로인터랙션이 될 것이다.

사용자가 노래를 추가하도록 유도하기 위해서 장기적 순환을 넣는 것도 좋은 방법이다. 단순히 지난번에 노래를 추가했던 날짜와 시간을 가볍게 알려 줄 수도 있지만, 새로운 곡을 끌어다 놓는 곳에 표시되는 문구를 '배고파요!feed me' 같은 것으로 바꾸어 사용자에게 곡 추가를 조를 수도 있다.

마이크로인터랙션은 어떻게 종료되는가? 사용자가 서비스에 로그인되어 있는 한 마이크로인터랙션은 끝나지 않겠지만, 재생 목록에 추가할 수 있는 곡의 최대 개수는 정해 둬야 할 것이다. 30곡 정도면 적당해 보인다.

이 마이크로인터랙션에 대한 이야기는 여기까지다. 다음 사례는 우리를 마이크로인터랙션 기기의 세계로 안내한다.

사례 3: 식기세척기 조작 패널

마지막 사례로 우리는 저가형 식기세척기의 조작 패널을 디자인할 것이다. 이 식기세척기에는 화면이 없다. 가장 기본적인 기능만을 갖춘 이 식기세척기에는 소리를 내는 스피커가 달려 있고, 서로 다른 세척 방식을 지원하는 몇 가지 설정 기능이 있다. 또한 사용자가 원하는 세척 방식을 알아본 조사 결과를 바탕으로 네 가지 정도의 세척 방식을 지원하기로 했다고 하자.

설거지의 목적은 그릇, 잔, 수저를 깨끗이 만드는 데 있다. 이를 위한 기본적인 동작규칙은 다음과 같다.

1. 사용자가 식기와 세제를 식기세척기에 넣고, 문을 닫는다.
2. 사용자가 원하는 세척 방식을 선택하고 식기세척기를 작동시킨다.
3. 식기세척기가 식기를 닦는다.

이 식기세척기의 사례에서 트리거는 매우 중요하기 때문에, 여기에 대해서는 잠시 후에 따로 다루기로 하자. 우선, '백지에서 시작하지 않기' 위해서 우리가 뭘 알고 있는지를 알아보자. 시간(지속 시간), 사용자가 지난 번에 선택했던 설정 항목, 사용자가 언제 어떤 설정을 선택했는지에 대한 기록 등은 알 수 있을 것이다. 이 기계는 아주 단순한 저가형 식기세척기이므로, 기기 안에 포함된 몇 가지 센서 외에 별도의 특수한 센서 입력을 기대하기는 힘들다. 백지에서 시작하지는 않더라도, 쓸 수 있는 정보가 많지는 않다.

이 마이크로인터랙션에서 앞당겨 표시할 수 있는 정보는 식기세척기가 지금 동작하고 있는지, 선택한 세척 방식이 어느 단계까지 진행되고 있는지, 그리고 끝나려면 얼마나 남았는지 정도다. 사람들이 세척이 어느 단계까지 진행되고 있는지를 알고자 하는 이유는 대부분 끝나려면 얼마나 기다려야 하는지를 알기 위해서다. 이 기기에는 화면이 따로 없기 때문에 이런 정보를 표시하기 위해서는 다른 종류의 피드백을 활용해야 한다. 어쩌면 '간과하는 부분을 활용'할 수 있을지도 모른다.

조작 장치들을 한번 들여다 보자. 앞서 나열한 동작규칙을 위해서는 최소한 식기세척기를 동작시키는 조작과 세척 방식을 설정하는 조작을 위한 두 가지 조작 장치가 필요하다. 식기세척기를 동작시키는 것은 단순히 버튼을 이용하면 된다. 각각의 세척 방식도 따로따로 버튼으로 만들 수 있을 것이다. 조작 항목마다 버튼을 하나씩 할당하는 방식은 분명 조작하기엔 단순하다. 모든 기능이 버튼 하나만 누르면 되고, 아마 그 버튼 위나 근처에 표시등이 있어서 무슨 세척 방식을 선택했는지 혹은 식기세척기가 동작 중인지를 표시해 줄 것이다. 하지만 이런 조작 방식은 '정보를 앞당겨 제공'하는 데 별 도움이 되지 않는다. 언제 세척이 끝나는지를 표시하기 위해서는 일렬로 설치되어 동작을 시작할 때 일제히 켜졌다가 세척이 진행됨에 따라 하나씩 꺼지는 표시등 같은 장치를 추가해야 할 것이다.

조작 장치를 설계할 수 있는 다른 방법은 세탁기에서 자주 볼 수 있는 다이얼이다. 사용자는 다이얼을 돌려서 원하는 설정을 선택하고, 다이얼 자체를 눌러서 식기세척기를 동작시킨다. 다이얼은 세척 단계가 진행됨에 따라 돌아가다가 세척 동작이 끝나면 멈춘다. 이 방식은 덤으로 다이얼과 기기 사이의 틈이나 다이얼 안쪽에 LED 타이머를 표시할 수 있다. 다이얼은 시각적인 측면에서도 죽 늘어선 버튼들보다 훨씬 단순하다.

그렇지만, 다이얼은 시각적으로 보기가 싫은 경우가 많다. 물론 이 식기세척기는 저가형이지만, 그렇다고 보기 싫어도 된다는 것은 아니다. 또한 다이얼은 툭 튀어나오기 마련인데, 식기세척기의 표면은 사람들이 부엌에서 왔다갔다 하다가 부딪히지 않도록 평평한 편이 나을 것이다. 그리고 어떤 세척 단계가 진행 중인지가 중요한 세탁기와는 달리, 식기세척기는 진행 단계가 아니라 언제 세척이 완료될지를 알려 줘야 한다. 사용자가 관심을 갖지 않는 내용에 대한 피드백은 제공하지 않는 편이 낫다. 그러니 그냥 일련의 버튼(아마도 깔끔한 터치 버튼)을 적용하기로 하자. 각각의 세척 방식마다 버튼을 하나씩 배치하되, 맨 왼쪽에 제일 오래 걸리는 방식(강력 세척)부터 오른쪽에 가장 짧게 걸리는 방식(빠른 세척)을 배치하고, 세척 방식 버튼들로부터 오른쪽으로 조금 떨어진 곳에 세척 시작 버튼을 놓는다. 각각의 버튼 위에는 해당하는 세척 방식 이름이나 '시작'이라는 문구를 표시한다. 세척 방식 버튼들 아래에는 표시등을 한 줄로 얇게 배치하자.

이제 이 마이크로인터랙션을 하나의 문장으로 생각해 봄으로써 전체 그림을 점검하고 명사와 동사의 위치를 파악해 보자. '사용자'가 '세척 방식 버튼' 중 하나를 눌러 '표시등'들을 켠다. 그리고 나서 '시작 버튼'을 누르면 '표시등'이 하나씩 줄어들기 시작한다. 마이크로인터랙션의 명사들을 검토해 보면, 각각의 버튼은 선택된 상태와 그렇지 않은 상태를 갖는다는 것을 알 수 있다. 동일하게 생긴 물건은 동일한 방식으로 동작해야 한다. 따라서 버튼이 선택된 상태에서는 버튼 주변에 부드러운 불빛이 켜지도록 하자. 하지만 세척 방식 버튼의 불빛은 시작 버튼의 불빛과 다른 색상을 적용하는 게 좋겠다. 세척 방식 버튼 하나하나마다 다른 색상의 불빛을 넣을 수도 있겠지만, 그건 아마도 좀 지나치지 않나 싶다. '다음 행동을 강조'하는 원칙을 적용해서, 사용자가 세척 방식 버튼을 누르고 나면 다음으로 취해야 할 행동은 시작 버튼을 누르는 것이므로, 이때는 시작 버튼이 사용자의 주의를 끌어야 한다.

진행 표시등은 식기세척기가 멈출 때까지 하나씩 줄어들기 때문에

(횟수 기준 순환), 그 색상은 시작 버튼의 색상과 일치하는 게 좋다. 진행 표시등은 몇 개의 칸으로 나뉘어 있어서, 한 칸에 15분을 표시하도록 할 수 있다. 정확한 시간을 알아내는 것은 아마도 어려울 것이다. '자동 세척' 같은 방식을 선택한 경우 내장된 센서를 이용해서 세척을 얼마나 오래 진행하게 될지를 결정하게 될 테고, 최종적으로 헹군 물이 아직도 더럽다면 한 번 더 헹굼을 진행할 수도 있다.

식기세척기가 동작을 마쳤을 때 무슨 일이 생겨야 하는지에 대한 동작규칙과 피드백이 아직 정해지지 않았다. 결국 식기세척기의 목표는 접시를 깨끗하게 만드는 것이고, 사용자는 언제 그 목표가 이루어질지를 알고 싶어한다. 스피커가 있으므로, 세척이 완료됐을 때 제공할 피드백으로 '특징적인 음향(예: 짜잔~!)'을 제공할 수 있다. 하지만 사용자가 언제나 그 소리를 들을 수 있을 정도로 가까이 있다고 가정할 수는 없고, 그렇다고 식기세척기 문이 열리거나 기기를 초기화reset할 때까지 계속 소리를 내고 있을 수도 없다(가만, '초기화' 기능은 또 뭔가? 여기에 대해서는 잠시 후에 이야기하자). 세척이 진행되는 동안 시작 버튼과 진행 표시등에 켜지는 불빛을 붉은 색으로 하고, 세척이 완료되면 진행 표시등은 끄고 시작 버튼의 불빛만 녹색으로 바꿔서 그릇이 이제 깨끗해졌음을 나타낼 수도 있다(아니면 파란색으로 하는 편이 색맹인 사용자에게 나을지도 모르겠다). 이제 시작 버튼은 네 가지 상태를 갖게 됐다. 꺼진 상태, '시작하려면 누르세요' 상태, 동작 중 상태, 세척 완료 상태. 식기세척기 문이 열리면, 시작 버튼은 초기화되어 꺼진 상태로 돌아간다.

자, 이제 초기화에 대해서 이야기하자. 앞서 이야기한 간단한 문장이 우리 생각대로 매끄럽게 진행되지 않는 경우가 있을지도 모른다. 사용자가 세척 과정 중간에 식기세척기의 문을 열고는 그대로 놔둘 수도 있다. '포카요케' 원칙[3]을 따라 세척이 진행 중인 동안에는 식기세

3 (옮긴이) 3장에서 소개되었듯이, '포카요케'란 사용자가 애당초 실수를 저지를 여지를 남기지 않고 디자인해야 한다는 원칙이다.

척기 문을 아예 잠가버릴 수도 있지만, 그건 약간 지나치게 사용자를 제약하는 것 같아 보인다. 따라서 우리는 식기세척기 문이 열리는 것과 관련된 동작규칙과 식기세척기를 초기화할 수 있는 방법을 생각해 봐야 한다. 초기화를 위한 별도의 버튼을 만들 수도 있지만, 그 버튼은 다른 버튼과 다른 방식으로 동작하기 때문에 (즉, 선택을 위한 토글 toggle 버튼이 아니라 실행 버튼이며, 다시 말해서 선택되어 눌려 있는 상태가 있을 수 없다) 생긴 것도 달라야 할 것이다. 똑같이 생긴 버튼이 다른 방식으로 동작하게 만들 수는 없으니까. 다른 방법으로는 단순히 시작 버튼에 용수철 모드를 적용해서 시작 버튼을 누른 채로 잠시 기다리면 초기화가 실행되도록 할 수도 있다. 나는 이 방법이 더 마음에 든다. 다른 무엇보다 자주 쓰지 않을 버튼을 하나 줄일 수 있는 것이다. 이런 초기화 방식은 적은 수의 명사를 가지고 더 다양한 동사를 구현할 수 있지만, 사용자가 발견하기는 그다지 쉽지 않다. 아마 버튼 아래에 '초기화하려면 오래 누르세요.' 같은 문구를 적어 놓을 필요가 있을지도 모른다. 끝으로 식기세척기의 문이 너무 오랫동안 열려 있는 경우에는 자동적으로 초기화가 이루어질 수 있도록, 순환을 적용하는 것도 좋은 생각이다.

끝으로 남아 있는 질문은 '백지에서 시작하지 말 것'을 적용할 수 있는지 여부다. 지난번에 사용한 세척 과정과 세척 시각을 기억하게 할 수는 있지만, 그런 정보가 어떻게 쓸모가 있는지는 잘 모르겠다. 물론 사용자가 이전에 선택했던 세척 과정을 표시해 주고, 선택할 수 있는 4가지 과정이 있는 경우라면 세척 과정 버튼을 선택하는 시간을 25% 확률로 줄일 수 있다(모든 세척 과정을 동일한 비중으로 사용한다고 가정했을 경우인데, 사실 그런 경우는 적을 것이다). 여기에 장기적 순환을 적용하면 버튼을 눌러야 하는 횟수를 줄일 수도 있겠으나, 어떤 경우에는 세척 과정이 자동으로 선택되고 어떤 경우에는 그렇지 않다면 마이크로인터랙션 자체가 일관적으로 보이지 않을 것이다. 지난번에 선택한 세척 과정을 선택하거나, 아니면 아무것도 하지 않는 게 낫다.

모든 고려 사항을 종합해 보면, 최종적인 동작규칙은 아래와 같다.

1. 사용자가 식기와 세제를 식기세척기 안에 넣고 문을 닫는다.
2. 지난번에 초기화 버튼을 사용하지 않았다면, 선택했던 세척 과정과 그에 따른 세척 시간이 진행 표시등에 표시되고 시작 버튼이 반짝거린다. ('시작하려면 누르세요' 상태)
3. 사용자가 시작 버튼을 누르면, 시작 버튼이 빨간색으로 빛난다. ('세척 중')
4. 식기세척기가 그릇을 세척하기 시작하고, 진행 표시등이 하나씩 줄어든다.
5. 식기세척기 문을 열면 세척을 일시 정지한다. 문을 다시 닫으면 마저 세척을 진행한다. 한 시간 이상 문이 열려 있으면 초기화한다.
6. 식기세척기가 작동을 마치면, 세척 과정 버튼과 진행 표시등의 불빛이 꺼진다. 시작 버튼은 녹색으로 빛난다.
7. 식기세척기 문이 열리면, 시작 버튼이 꺼진다.
8. 어떤 순간이든, 사용자가 시작 버튼을 3초 동안 누르고 있으면, 마이크로인터랙션을 초기화하고 세척도 멈춘다. 모든 버튼들이 꺼진 상태로 바뀌고 진행 표시등도 모두 꺼진다.

위와 마이크로인터랙션에서는 식기세척기에 설치되어 있는 스피커를 활용하지 않았다(좀 더 고급형 가전제품이었다면 심지어 터치 버튼에 대한 촉각 피드백도 사용할 수 있었을 것이다). 소리를 이용해서 동작을 개선할 수 있는 순간은 분명히 몇 군데 있다. 특히 터치 버튼을 사용하는 경우에는 버튼을 누르는 감각을 주기 위해서 소리를 이용할 수 있다. 시작 버튼을 누르는 순간에는 이어콘earcon으로 특징적인 음향을 적용하면 좋을 것이다. 식기세척이 끝났을 때 이어콘을 적용하는 것은 당연한 방식으로 여겨질지 모르겠지만, 깊은 밤에 아무도 없는 방에서 소리가 울려 퍼진다면 꽤나 신경이 거슬릴 것이다. 좀 더 고가의 식기세척기의 경우에는 인터넷을 통해서 시간을 확인하고, 밝기 센서를 통해 실내의 조명 상태를 감지하며, 어쩌면 움직임 센서를 통해서 주변에 사람들의 움직임이 있는지까지도 알 수 있으므로, 사람들이 깨어서 주변에 있는 경우에만 종료음을 울리도록 할 수 있을지도 모른다. 그렇지만 우리가 디자인하는 제품은 그렇게 좋은 모델이 아니다.

여기까지가 마이크로인터랙션의 프로젝트 사례들이다. 이 책에서 다룬 구조와 원칙을 어떻게 적용하면 잘 다듬어진 마이크로인터랙션을 만들 수 있는지가 이제까지의 사례를 통해서 명확해졌기를 바란다.

마이크로인터랙션에 대한 프로토타이핑과 문서화 작업

무슨 제품이든 프로토타입을 만들고 문서를 작성하는 이유는 그 제품이 어떻게 동작해야 하는지에 대한 생각을 전달하기 위해서다. 마이크로인터랙션에 있어서 가장 전달하기 어려운 것은 전반적인 흐름, 즉 각각의 부분이 모여서 어떻게 하나의 제품을 만드는지에 대한 내용이다. 마이크로인터랙션이 어떤 느낌으로 만들어져야 하는지가 바로 이런 전반적인 흐름을 통해서 표현된다.

- 실제 환경하에서의 프로토타입
  전문적인 개발 기술을 갖고 있거나 이를 활용할 수 있는 경우라면, 마이크로인터랙션이 최종적으로 동작하게 될 실제 환경에서 직접 프로토타입을 개발하는 것이 마이크로인터랙션이 어떻게 움직일지를 제대로 이해하기 위한 최선의 방법이다. 하지만, 이는 동시에 가장 시간이 많이 걸리는 방법이기도 하다.

- 동영상

  동영상은 시간성과 흐름을 효율적으로 전달할 수 있는 방법이다. 이는 실제로 촬영한 영상을 애프터이펙트_{AfterEffects} 같은 도구로 편집하고 가공한 것일 수도 있고(그림 6-5), HTML5이나 다른 방법으로 만든 애니메이션이 될 수도 있다.

- 프레임 단위 스토리보드

  마이크로인터랙션을 보여 주는 다른 방법으로는 순차적으로 연결된 스토리보드(그림 6-6)가 있다. 이 방식은 정확한 시간을 보여 주지는 않지만, 최소한 대략의 움직임을 표현하고 해당 맥락에서 달라지는 상태를 보여 준다.

그림 6-5 프로토타입 동영상의 한 장면. 제품의 왼쪽에 붙어 있는 일시 정지 버튼을 누르면 화면에 일시 정지 표시가 나타난다. (제공: BERG London)

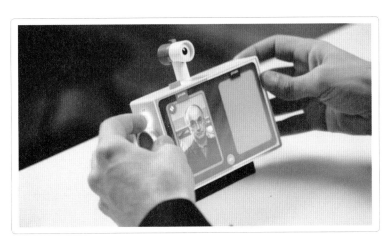

마이크로인터랙션에 대한 문서를 작성할 때 가장 나쁜 방법이라고 할 수 있는 것은 정지된 화면만을 이용하는 방식이다. 정지 화면은 그 마이크로인터랙션의 흐름을 거의 표현하지 못하며, 어떤 상태를 이해할

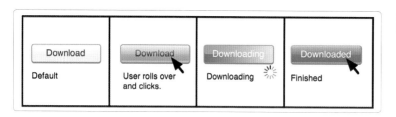

그림 6-6 프레임 단위 스토리
보드의 사례

수 있게 해주는 맥락을 감추는 경우가 많다. 제대로 작성된 마이크로
인터랙션 문서는 무슨 일이 왜 벌어지고 있는지를 보여 준다.

🐾 이야기 중심의 디자인 문서에 대해서 좀 더 배우고 싶다면 브래든 코위츠Braden
Kowitz의 「Why good storytelling helps you design great products」라는
글을 참조하라. http://bit.ly/12te7iP

정지된 화면이나 와이어프레임을 사용해야 하는 경우라면, 키프레임
keyframe을 문서에 포함시켜라. 키프레임은 애니메이션에서 출발한 개
념으로, 경험 많은 애니메이터가 동작의 특징을 잡아 주는 주요 장면
들(키프레임)을 그리고 나면 그 키프레임 사이의 장면들은 다른 애니
메이터가 채워 나가는 작업 방식에서 유래했다. 키프레임을 이용하면
마이크로인터랙션의 트리거, 동작규칙에서 중요한 순간, 마이크로인
터랙션이 끝나는 방식 등을 설명할 수 있다.

　마이크로인터랙션을 설명하기 위해서는 여러 가지 방법을 함께 사
용하는 경우가 많다. 시간에 따른 변화를 표현하기 위해서는 프로토타
입이나 동영상을, 그 동작에 대한 자세한 설명을 위해서는 프레임 단
위의 스토리보드를, 그리고 복잡한 동작규칙을 설명하기 위해서는 와
이어프레임과 키프레임을 함께 사용하는 것이 좋다.

여러 마이크로인터랙션 조합하기

뭔가 특별한 목적이 있는 앱이나 기기가 아닌 이상, 마이크로인터랙션이 홀로 존재하는 경우는 거의 없다. 앞서 태스크래빗의 '심부름 등록' 마이크로인터랙션과 마찬가지로, 대부분의 경우 마이크로인터랙션은 보다 큰 기능과 함께, 혹은 그 일부로서 나타난다.

독자적으로 동작하지 않는 인터랙션을 설계할 때 가장 먼저 해야 할 일은 그 마이크로인터랙션과 주요 기능 사이의 관계를 파악하는 것이다. 해당 마이크로인터랙션을 통해서 사용자가 기능을 시작하거나(예: 로그인), 조작하거나(예: 동영상 재생의 일시 정지 버튼), 종료하거나(예: 전원 스위치), 마이크로인터랙션이 기능 안에 포함되었는지 여부(예: 문서 양식 편집 도구), 이런 각각의 경우에 따라 전혀 다른 종류의 트리거를 적용해야 한다. 다음으로 정해야 할 것은 마이크로인터랙션의 지속 시간이다. 일시 정지 버튼은 앱이 열려 있는 동안 내내 표시되어야 하겠지만, 문서의 양식을 편집하는 도구는 사용자가 뭔가 특정한 행동을 했을 때만 나타나는 게 나을 수 있다.

그 다음으로 반드시 결정해야 할 항목은 그 마이크로인터랙션이 해당 제품의 특징적인 순간Signature Moment, 즉 사용자의 기억에 남을 만한 경험이 되어야 하는지 여부다. 대부분의 경우 여기에 대한 답변은 '그렇지 않다'이다. 마이크로인터랙션이 사용자에게 기분 좋은 경험이 되어야 한다는 점은 물론 사실이지만(이 책을 저술하고 있는 이유도 바로 여기에 있고), 무엇보다 마이크로인터랙션이 제품을 사용하는 전체 목적을 이루는 중도에 있는 경우(이를테면 사용자가 앱을 쓰기 시작하려면 우선 로그인 마이크로인터랙션을 이용해야 하는 경우) 사용자가 그 원래의 목적을 쉽고 빠르게 이룰 수 있도록 해주는 것을 목표로 삼아야 한다.

마이크로인터랙션을 기능으로 전환하기

마이크로인터랙션이 다른 마이크로인터랙션을 실행시키는(트리거) 경우도 있다. 이 경우 한 마이크로인터랙션이 다른 마이크로인터랙션을 시작하고 그 마이크로인터랙션이 다시 다른 마이크로인터랙션을 시작하는 일종의 연쇄반응을 일으키게 된다. 예를 들면, 기기의 전원을 켜거나 앱을 시작하는 것(마이크로인터랙션)은 사용자가 이전에 앱을 사용한 시간을 확인하도록 하는 시스템 트리거일 수도 있다. 사용자가 앱을 사용한 지가 오래됐다면, 이를 바탕으로 또 다른 마이크로인터랙션을 실행시켜 '다시 오신 것을 환영합니다. 이전에 사용하신 이후로 다음과 같은 새 기능이 추가됐습니다.' 같은 메시지를 보여 줄수도 있다.

바로 이런 식으로, 마이크로인터랙션들이 서로 협력해서 함께 일하도록 조율함으로써 하나의 마이크로인터랙션이 끝나면 다른 마이크로인터랙션이 이를 이어 가는 식으로 기능을 구축해 나가는 것이다. "디테일이 곧 디자인이다."

이 방식으로 작업할 때 신경 써야 할 점은, 마치 오케스트라에서 여러 개의 악기를 동시에 연주할 때처럼 기능에 포함된 마이크로인터랙션 중 어떤 마이크로인터랙션이 두드러져야 하는지를 정해야 한다는 점이다. 모든 마이크로인터랙션이 똑같이 중요하지는 않다. 중요하게 다뤄야 할 마이크로인터랙션도 있고, 느끼기 힘들 정도로 섬세하게 적용해야 하는 마이크로인터랙션도 있는 것이다. 중요한 정보를 적절히 강조함으로써 사용자에게 전달하고 일관된 태도를 유지하기 위해서는 피드백을 잘 조율해야 한다.

이런 방식으로 디자인할 때, 그 기능이 제대로 동작하도록 설계하려면 모든 마이크로인터랙션을 하나의 목록으로 만들어 놓는 게 도움이 된다. 이런 목록은 과업 목록, 과업 흐름도, 혹은 기능 사양서의 형식

을 통해서 만들 수 있다. 그 목록을 이용해서 마이크로인터랙션 지도
(그림 6-7 참조)를 만들면, 여러 개의 마이크로인터랙션이 어떻게 서로
함께 동작하게 되는지를 볼 수 있다.

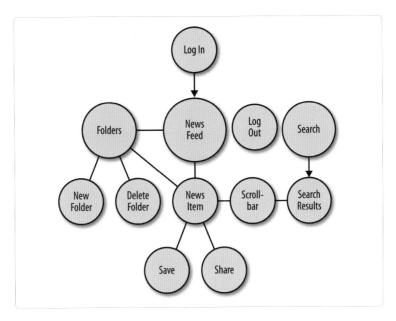

마이크로인터랙션 사이의 전환에도 신경을 써야 한다. 어떤 마이크로
인터랙션이 어떤 마이크로인터랙션을 시작하며, 한 마이크로인터랙션
이 어디서 끝나고 다른 마이크로인터랙션이 어디서 시작하는지에 주
의를 기울이자. 이는 사용자에게는 잘 드러나지 않을 수 있고, 사실 많
은 경우 사용자가 눈치채지 않는 편이 좋다. 사용자에게 제공하는 서
비스나 제품 전체가, 자잘한 경험들을 그냥 엉성하게 모아 놓은 게 아
니라 잘 융합된 하나의 전체로 여겨지게 해야 한다.

여러 개의 마이크로인터랙션들을 하나로 조율하는 작업을 하다 보
면, 이 전체에 대해서 잊게 되기가 쉽다. 각각의 마이크로인터랙션을
만든 후에는 한걸음 물러서서 그 마이크로인터랙션이 다른 마이크로

인터랙션들과 잘 어울려 동작하는지를 확인해 봐야 한다. 특히 스케치나 와이어프레임으로 작업하는 경우, 마이크로인터랙션이 의도하지 않게 다른 마이크로인터랙션과 부딪히기가 쉽다. 이를테면, 목록이 표시되는 방식을 설계하다가 스크롤 방식에 대한 마이크로인터랙션과 부딪히는 경우도 있는 것이다. 이런 일이 벌어지지 않도록 하려면 어떤 마이크로인터랙션을 디자인하기에 앞서 그 마이크로인터랙션과 연관된 다른 마이크로인터랙션이 무엇인지를 한번 적어 보는 게 좋다.

대부분의 경우 마이크로인터랙션을 설계할 때는 그 마이크로인터랙션을 너무 부각시킨 나머지 사용자에게 거슬리게 만들고 있지 않은지를 신경 써야 하지만, 가끔은 너무 밋밋해져서 약간의 화려함을 추가해 줘야 할 때도 있다.

밋밋한 마이크로인터랙션을 개선하는 법

언제나 완전히 처음부터 시작하게 되는 것은 아니다. 때로는 작업 대상이 되는 제품의 일부로 이미 마이크로인터랙션이 들어가 있는 경우가 있다. 어떤 경우에는 주요 기능에 집중하느라고 내버려 두었던 마이크로인터랙션을 다듬어야 할 수도 있다. 하지만 어디부터 시작해야 할까?

책에서 소개한 원칙에 기초해서, 다음 몇 가지 질문을 떠올려 보자.

- 이 경험을 특징적인 순간으로 만들 필요가 있는가? 다시 말해서, 그 경험이 얼마나 기억에 남아야 하는가? 기억에 남길 만한 마이크로인터랙션에는 보다 화려한 조작 방식과 피드백을 사용할 수 있을 것이다.
- 백지에서 시작하지 않으려면 어떻게 해야 하는가? 사용자나 맥락에 대해서 알고 있는 정보를 이용해서 마이크로인터랙션을 개선할 수 있을까?

- 해당 마이크로인터랙션에 들어 있는 정보 중에서 가장 중요한 부분은 무엇인가? 그 정보를 앞당겨 제공할 수 있는가? 사용자가 첫눈에 바로 확인해야 하는 정보가 있다면 어떤 것일까?

- 특수한 조작장치를 만들어서 적용하는 게 적합할까? 특별히 맞춤 제작된 UI는 마이크로인터랙션을 보다 두드러지게 하는 데 확실히 도움이 된다.

- 사용자의 실수를 예방하고 있는가? 사용자가 뭔가를 잘못할 수 있는 상황이 있다면, 그 실수를 자동적으로 예방하기 위해서 할 수 있는 일이 무엇인가?

- 간과하기 쉬운 부분을 활용하고 있는가? 이미 존재하는 UI 요소나 하드웨어 중에서 뭔가 기능을 추가할 수 있는 요소가 있는가?

- 익숙해진 사용자를 위해서 보이지 않는 트리거를 사용할 수는 있는가? 숨겨진 단축 명령(동작 또는 키보드 입력)을 통해서 동작규칙 깊숙이 빠르게 접근할 수 있는 방법이 있을까?

- 문자와 아이콘을 사용자가 이해할 수 있는가? 마이크로카피는 큰 소리로 알려 줄 정도로 중요한 내용인가? 유머 감각을 더할 수 있는 부분은 없을까?

- 애니메이션을 추가해서 좀 더 동적으로 만들 수 있을까? 화면이나 상태를 전환할 때 사용자를 방해하지 않으면서 다음 단계가 무엇인지를 표시할 수 있는 방법은 없는가?

- 피드백을 제공할 때 음향이나 촉감 같은 다른 방식을 추가할 수 있을까?

- 사용자가 그 마이크로인터랙션을 두 번째 사용할 때, 그리고 백 번째 사용할 때 무슨 일이 일어날지 생각해 보자. 뭔가 장기적 순환을 고려할 수 있는 부분이 있는가?

위의 질문들에 대한 답변을 기존의 마이크로인터랙션에 적용함으로써, 그 마이크로인터랙션을 보다 매력적으로 만들 수 있다. 그게 바로 이 책의 목적이다.

작은 부분을 고민하라

우리는 이 책에서 여러 가지 마이크로인터랙션에 대해서 이야기했다. 말러의 교향곡 9번을 망쳐버린 알람에서, 뉴욕 지하철에서 수백만 명이 메트로 카드를 구입할 수 있게 해준 터치스크린 트리거, 실패로 끝나버린 애플의 '새 이름으로 저장하기' 기능의 변화, 사람들을 중독시키는 슬롯머신의 피드백, 화성으로 간 로봇을 망가뜨릴 뻔한 순환과 모드, 개 먹이가 다 떨어지는 바람에 생겨난 수백만 달러의 사업에 이르기까지. 작은 부분은 중요하다. 세부 디자인은 언제나 중요했고, 앞으로도 그럴 것이다. 마이크로인터랙션의 가치가 부각되면서 앞으로 더욱 더 중요하게 될지도 모를 일이다.

21세기에는 문제가 온갖 형태와 크기로 등장한다. 어떤 문제는 거대하고 구조적인 문제여서 간단하게 해결할 수 없는 반면, 어떤 문제는 작고 독립된 문제라서 이를 해결할 때는 안정감, 유머, 성취감까지도 추가할 수 있다. 우리는 이런 크고 작은 문제를 둘 다 해결하면서, 동시에 설계하고 있는 커다란 시스템 전체(도시, 정부, 회사, 제품 등)가 인간을 위해서 구축되도록 해야 한다. 커다란 시스템을 인간적으로 만드는 것은 결국 작은 순간들, 즉 마이크로인터랙션이다. 알고리듬과 무인 자동차의 시대에 사는 우리들은 가능한 모든 순간마다 인간미를 느낄 필요가 있다.

제품의 세세한 부분은 그 제품을 설계하면서 충분히 고민하고 주의를 기울였음을 보여 준다. 궁극적으로 우리 모두가 느끼고 싶은 것은 바로 그런, 우리가 필요로 하는 것에 대해서 세심한 주의가 기울여졌다는 느낌이다. 이것이 우리가 마이크로인터랙션을 통해서 제공할 수 있는 가치인 것이다.

작은 부분에 대해서 고민하라. 그리고 세상을 바꿔라.

마이크로인터랙션의 검증

1 '자전거 거치대는 무슨 색으로 칠해야 하는가?'라는 사례는 개발자들이 종종 하는 이야기에서 차용됐다. 좀 더 자세히 알고 싶으면 이 링크를 따라가보자. http://bit.ly/YA0I9B[2]

2 (옮긴이) 간단히 요약하자면, 원자력 발전소를 설계하는 프로젝트에서 발전소에 설치할 자전거 거치대의 색에 대해서 오랜 시간을 들여 논의하는 격이라는 뜻이다.

3 (옮긴이) '군살을 뺀' 사용자 경험 디자인 방법론이라는 의미로, 관련 부서 간의 역할 분담이나 산출물로서의 디자인 문서보다 담당자들의 유기적인 협업과 의사소통을 중시한다. 원래 신생 벤처기업의 제품 개발 방법론으로 제안된 것을 UX 방법론으로 차용했다.

4 린 UX에 대한 보다 상세한 내용은 제프 고델프(Jeff Gothelf)의 저서 『Lean UX』을 참조하라.[5]

5 (옮긴이) 우리나라에도 『린 UX: 린과 애자일 그리고 진화하는 사용자 경험』이라는 제목으로 번역 출간되었다.

마이크로인터랙션은 따로 검증할 필요가 없다는 사람이 많다. 그런 사람들은 대개 마이크로인터랙션이 마치 '자전거 거치대에 무슨 색을 칠해야 하는가?'라는 질문처럼 전혀 중요하지 않은 문제라고 주장한다.[1] 하지만 이 책을 여기까지 읽은 독자라면 마이크로인터랙션의 가치를 알고 있으며, 사용자들의 의견을 통해 이를 테스트하고 검증하고 조정함으로써 개선하려는 의지가 있다고 생각한다.

마이크로인터랙션은 린Lean UX[3]에서 말하는 것과 같은 '구축→측정→학습 방법론'을 사용할 때 더욱 도움이 될 수 있다. 다시 말해서 마이크로인터랙션을 검증하기 위해서 우선 이를 구축한 다음, 구축된 디자인을 다양한 정량적 및 정성적인 방법을 써서 측정해 보고, 그로부터 얻은 결과를 분석함으로써 교훈을 얻어 다음 번 구축에 반영하는 식으로 반복하는 것이다.[4]

원래의 린 UX 과정에서는 기본이 되는 개념('가설')의 가치를 증명하기 위해서 '최소 요건 제품Minimum Viable Product'을 만들어 검증하게 되는데, 마이크로인터랙션의 경우에는 일단 전반적인 개념에 대한 가치는 있다고 추정하거나, 아니면 최소한 대상 앱이나 기기가 적절히 동작하는데 있어서 필요하다는 것을 전제로 한다. 즉, 어떤 개념보다는 사용상의 흐름이나 구조를 검증하게 되는 것이다. 마이크로인터랙션이 린 UX와 다른 또 하나의 측면은 프로토타입의 완성도에 있다. 린 UX에서는 개념을 검증하는 데 필요한 최소한도 수준의 프로토타입(많은 경우 종이에 그린 스케치)을 만드는 것에 비해서, 그 구조가 중요한 마이크로인터랙션을 효과적으로 검증하기 위해서는 가능한 한 완성도가 높은 프로토타입이 필요하다. 트리거, 동작규칙, 피드백, 순환은 서로 밀접하게 연결되어 있으면서도 쉽게 부서져 버릴 수 있다.

　PC 소프트웨어의 경우, 마이크로인터랙션을 따로 검증하는 일은 거의 없다고 해도 될 것이다. 검증을 위해서 프로토타입을 구축하는 수고는 말할 것도 없고, PC에서 따로 마이크로인터랙션을 검증하기 위해서 들어가는 노력과 비용이 너무 높기 때문에, 보통은 다른 기능들과 함께 묶어서 검증하게 된다. 하지만 웹 애플리케이션의 경우에는 프로토타입 구축이 상대적으로 빠르고, 비교검증A/B testing이 쉬우며, 분석 방법이 잘 정립되어 있기 때문에 PC 소프트웨어와는 사정이 좀 다르다. 모바일 앱의 경우도 프로토타입을 만들기가 점점 더 쉬워지고 있다. 만일 모바일 앱 전체가 마이크로인터랙션으로 이루어져 있다면 검증은 필수적이다. 이는 전체가 하나의 마이크로인터랙션을 제공하기 위해 만들어진 기기의 경우도 마찬가지인데, 단지 이때는 프로토타입 구축에 시간이 좀 더 걸리게 된다.

　마이크로인터랙션은 그 규모가 작고 따라서 마이크로인터랙션을 통해 줄 수 있는 변화도 그만큼 작기 때문에, 만일 통계적으로 유의미한 분석 결과를 얻고자 한다면 수백 혹은 수천 명의 참가자를 대상으로 해야 한다. 이는 대부분의 사용성 평가 세션에서 다루게 되는 5~8명에 비해서 훨씬 많은 숫자다. 정말 최소한의 참가자만으로 진행한다고 할지라도, 조금이나마 의미 있는 자료를 건지려면 적어도 20명의 참가자에 대해서 검증해 봐야 한다. 정량적으로 최선의 결과를 원한다면 수백, 수천, 심지어 수만 명의 사람을 대상으로 측정해야 하는데, 이는 많은 온라인 웹사이트에서 종종 진행하는 규모의 검증이다. 만일 사용자 중 5%가 드롭다운 메뉴를 열었지만 4.75%만이 메뉴항목을 선택할 수 있었다면, 마이크로인터랙션을 바꿨을 때의 변화는 수천 명의 사용자를 분석해도 알아내기 힘들지만 판매나 전환 비율에는 큰 영향을 줄 수 있다.

새로 디자인한 마이크로인터랙션이 아주 엉망이거나 반대로 아주 훌륭하지 않다면, 그 변화로 인한 통계적 효과를 정성적으로 검증해 내는 것은 거의 불가능하며 정량적인 분석만이 유일한 방법이다. 예를 들어, 웹사이트의 마이크로인터랙션에 구글 애널리틱스Google Analytics의 이벤트Event를 적용해 두면 디자이너가 그 마이크로인터랙션에서 부족한 부분을 정확히 집어낼 수 있게 된다. 이런 통찰을 정성적인 방식으로 얻으려면 수많은 사용자들을 오랫동안 따라다니면서 연구해야 할 것이다. 물론 통계적으로 유의미한지 아닌지가 그다지 중요하지 않다면, 그냥 평소에 하던 대로 몇 명의 참가자를 데려다가 검증하는 것만으로도 충분히 명확한 결론을 내릴 수 있다.

제품 검증을 위해 사용하는 다른 방법론들과 마찬가지로, 검증 자체에 의해서 야기되는 흔히 '시나리오의 오류'라고 부르는 상황에 빠지지 않도록 조심해야 한다. 검증 작업은 인위적으로 구성된 상황이기 때문에, 사용자에게 제시되는 설정 환경과 사용 경로 때문에 그 사용자의 자연스러운 사용 맥락에서는 나오지 않을 실수나 문제를 발견하게 될 수 있다. 한 가지 사례로, 사용 중에 어떤 질문에 대한 답변을 듣기 위해서 잠시 진행을 중단시키는 바람에 정작 중요한 피드백을 놓치는 일도 있다.

검증할 때 주목해야 할 사항

검증을 통해서 평가해야 하는 가장 중요한 사항은 다음 네 가지다.

- **마이크로인터랙션의 과정이 아닌 그 목적을 진정으로 이해하고 있는가?** 상태 메시지를 설정하는 마이크로인터랙션의 핵심은 문자를 입력하는 데 있는 게 아니라 의사소통을 하는 데 있다. 이 점을 올바르게 파악하면 마이크로인터랙션 자체나 제품 전반에 걸쳐 무엇을 강조해야 하는지를 명확히 알 수 있게 된다. 그 마이크로인터랙션은 전체 사용자 경험 중에서 얼마나 중요한가?
- **어떤 정보가 중요한지를 이해하고 있는가?** 이는 어떤 정보를 앞당겨 표시할 수 있으며, 마이크로인터랙션을 장기적으로 사용자에게 맞춰 개선하려면 어떤 행동/맥락 정보를 쓸 수 있는지 파악할 수 있게 해준다.
- **마이크로카피가 필요한가?** 필요하다면 그 내용이 명확하고 이해하기 쉬운가? 이는 안내문이든 레이블이든 간에, 언제나 고려해야 할 내용이다.
- **타이밍과 흐름.** 마이크로인터랙션을 실행하는 데 너무 오래 걸리지는 않는가? 순환이 너무 길거나 너무 짧지는 않은가? 장기적 순환의 경우는 오랜 시간에 걸쳐서 이루어지기 때문에, 그만큼 오랫동안 연구를 진행하지 않으면 검증하기가 어렵다. 대부분의 개발 프로젝트에서는 그런 장기적인 연구를 수행하지 않는다.

위에서 처음 두 항목은 대상 사용자와의 대화나 인터뷰를 통해서 어찌어찌 모을 수 있으며, 세 번째 항목은 관찰을 통해서 확인할 수 있다. 관찰은 통해서 얻을 수 있는 정보는 사실 이외에도 많은데, 예를 들면 아래와 같다.

- **클릭/탭/조작이 너무 많이 들어가 있지 않은가?** 다시 말해서, 사용자가 원하는 일을 하려고 할 때 노력이 너무 많이 필요하지는 않은가? 이는 꼭 클릭 횟수를 뜻하는 건 아니지만, 클릭 횟수도 노력을 측정하는 한 가지 기준이 될 수는 있다.

- **행동의 이유가 불명확하지는 않은가?** 사용자가 "내가 왜 이걸 하고 있지?"라고 직접 말하거나 찌푸리거나 혼란스러운 표정을 짓는 일이 생긴다면 뭔가가 잘못된 것이다. 이런 경우는 보통 레이블의 문구가 잘못 정해졌거나, 안내문이 빠졌거나 지나치게 모호한 경우에 생긴다.

- **지금 무슨 일이 생긴 거지?** 사용자가 이런 생각을 하고 있다면 피드백이 명확하지 않기 때문이거나, 어쩌면 모호한 레이블도 관련되어 있을 수 있다.

- **지금 무슨 일이 벌어지긴 했나?** 피드백이 제공되지 않았거나 너무 미묘했다면 이런 반응을 보일 수 있다.

- **찾는 게 안 보인다고 하는 경우.** 사용자의 기대와 화면에 제시된 내용 사이에 차이가 있을 때 이런 모습을 볼 수 있다. 이는 레이블 문제일 가능성이 높지만, 마이크로인터랙션의 중요한 부분이 빠져있기 때문일 수도 있다.

- **여기가 어딘지를 모르겠다는 경우.** 이럴 때는 화면 전환이나 모드에 문제가 있을 수 있다.

- **방금 내 자료/콘텐츠/입력에 대해서 뭘 어떻게 했다고?** 이런 경우도 시스템의 행동이 사용자의 기대에 부합하지 않은 경우다. 그럴 때는 레이블이나 문구를 수정해서 해결할 수도 있지만, 마이크로인터랙션 자체가 사용자가 원하는 기능과 일치하지 않거나 제공하는

기능이 사용자를 만족시키지 않는 등 보다 근원적이고 전반적인 문제를 갖고 있을 경우도 있다.

- **이걸 클릭하거나 누르거나 탭을 하면 무슨 일이 생길까?** 이는 불명확한 레이블이나 불충분한 안내문 때문에 생긴다.
- **그 버튼은 못 봤네요.** 이건 시각적 구조의 문제다. 마이크로인터랙션이 유도하는 사용 경로가 시각적으로 분명하지 않은 것이다.
- **그런 기능이 있는 줄 몰랐어요.** 기능이 너무 감춰져 있는 경우로, 단축키나 멀티터치 동작처럼 보이지 않는 트리거를 적용한 경우에 자주 나타난다.
- **이제 어떻게 하죠?** 이런 반응도 위와 같은 종류의 문제 때문에 생긴다. 사용 경로가 명확하지 않고, 특히 사용자가 다음에 무엇을 해야 하는지가 잘 드러나 있지 않은 것이다.
- **이 화면은 뭐지?** 이 반응 역시 사용 과정에 대한 불명확한 피드백의 결과다. 분명한 레이블을 제공하고, 툴팁을 추가하는 것도 고려해 보자. 이는 또한 보여 주는 정보가 사용자에게 중요하지 않다는 뜻일 수도 있다.

위에 나열한 사례는 모두 정성적인 정보에 해당하는데, 정량적인 정보가 유용한 경우도 많다.

정량적 정보의 활용

유명한 수리물리학자인 켈빈 경_{Lord Kelvin}은 "측정할 수 없다면 개선할 수 없다"는 말을 한 적이 있다. 여기에는 중대한 진리가 있다. 현재의 시점과 향후의 변화를 비교할 수 있다는 것은 크나큰 도움이 된다. 다음과 같은 정보를 측정하면 될 것이다.

- 완료율
  마이크로인터랙션을 성공적으로 완료한 사용자는 몇 퍼센트나 되는가?
- 마이크로인터랙션의 전체 수행 시간
  마이크로인터랙션을 완료하기까지 얼마나 오래 걸렸는가? 가장 빨리 수행한 사용자에 비교했을 때 가장 느린 사용자는 다섯 배에서 열 배까지도 더 오래 걸리는 경우가 많다. 따라서 그런 극단적인 값의 영향을 줄이기 위해서는 산술평균이나 중앙값보다 기하평균[6]을 측정하는 게 좋다.[7]
- 특정 단계에 걸린 수행 시간
- 단계의 개수
- 클릭/탭/선택의 개수
  이 수치가 항상 의미가 있는 건 아니지만, 무언가 비효율적인 부분이 있다면 이를 알아챌 수 있게 해준다.
- 시스템 오류의 횟수
  사용자가 실수를 하지 않았는데 마이크로인터랙션이 오류에 빠지는 대목이 있는가? 이는 마이크로인터랙션을 실제 데이터와 네트워크 연결을 통해 검증하다 보면 종종 생기는 문제다.
- 사용자 오류의 횟수
  사용자 오류는 실수와 잘못 두 가지로 분류된다. 실수slip는 이메일 주소를 입력하다가 오타를 내는 경우처럼 사용자가 행동의 목적은 알고 있었지만 실제 수행에 있어서 뭔가 문제가 있었던 상황이다. 잘못mistake은 아무 기능도 없는 제목을 클릭하는 경우처럼 동작규칙을 이해하지 못하고 동작규칙에서 제공하지 않는 무언가를 시도하는 경우다.[8]

6 (옮긴이) 산술평균은 흔히 말하는 평균(대상 항목의 값을 모두 더한 후 그 항목들의 총 개수로 나눈 것)이며, 중앙값median은 항목을 값의 크기에 따라 정렬한 후 그 목록의 중앙에 있는 값을 선택한 것이고, 기하평균geometric mean은 대상 항목의 값을 모두 곱한 값에서 그 항목들의 개수만큼의 제곱근을 산출한 것이다. 대표값을 구하고자 하는 대상 그룹의 특성에 따라 다른 방식을 사용한다.

7 Measuring Usability 웹사이트 2012년 12월 11일 제프 소로Jeff Sauro가 게재한 글「8 Core Concepts for Quantifying The User Experience」을 참조하라. http://bit.ly/1rNkcBS

8 실수와 잘못에 대해서 좀 더 자세히 알고 싶으면, 도널드 노먼Donald Norman이 1983년「Communications of the ACM」26호에 게재한「Design Rules Based on Analyses of Human Error」과 제임스 리즌(James Reason)이 1990년 출간한「Human Error」을 참조하라.

사용자가 직접 다음과 같은 특성에 대해 점수를 매기도록(예: 낮으면 1점, 높으면 7점) 하여 정성적인 정보를 정량화하는 것도 생각해 볼 수 있다.

1. 만족도
2. 편의성
3. 신뢰도
4. 유용성

이런 접근은 어떤 마이크로인터랙션을 수정한 후 개선 여부를 보기 위해서 다시 검증하는 경우나, 같은 마이크로인터랙션에 대한 여러 가지 버전을 비교하고자 할 때_A/B testing_ 특히 유용하다. 다시 한번 강조하지만, 표본의 크기에 주목하라. 적은 수의 사용자만을 대상으로 하면 측정하는 값이 오류든 선호도든 실제보다 크거나 작게 나타날 수 있다.

또한 통계적으로 유의미한 차이가 있다고 할지라도, 실질적으로도 그만큼 대단한 차이가 있다는 것은 아니다. 자료를 활용해서 디자인할 때 가장 중요하게 기억해야 할 점은 그 자료만으로 디자인이 이뤄지는 게 아니라는 점이다. 모든 자료는 그걸 해석하고 맥락에 맞춰 분석해 낼 사람이 필요하다. 어떤 일이 **왜** 생기는지를 자료만으로 알아낼 수 있는 경우는 거의 없다.

자료는 의미를 담고 있어야 하며, 이는 경우에 따라 그 자료를 무시할 수도 있다는 뜻이다. 도대체 어떤 경우에 자료를 무시하게 될까? 여기 아주 단순한 사례가 있다. 사람들은 대부분 온라인 광고를 클릭하지 않는다. 광고를 클릭하는 비율이 0.5%만 되어도 사실 꽤 괜찮은 축에 드는 것이다.[9] 그렇다고 사람들이 거의 이용하지 않는다는 이유로 온라인 광고를 없애야 할까? 99.9%의 사용자는 그렇게 생각할 것이다

9   이에 대한 한 가지 사례로는 2007년 11월 11일 「BusinessWeek」에 실린 글 「So Many Ads, So Few Clicks」을 참조하라.

(그리고 나머지 0.1%의 사람들은 광고 회사에 근무한다). 하지만 광고를 없애면 그 웹사이트를 운영하기 위한 자금을 없애게 될 수도 있다. 구글이 세상에서 없어지기를 바라는 건 아니지 않은가? 자료 그 자체로는 전반적인 맥락을 반영하지 않기 때문에, 어떤 자료를 온전히 신봉할 수는 없다. 사업 환경, 조직 환경, 대상 사용자 등과 같은 맥락은 단순히 스프레드시트에 적힌 숫자 이상의 의미를 갖는다. 자료는 결정을 내리는 데 있어서 단지 참고 자료로 활용되어야 하며, 그 자체로 뭔가를 결정할 수 있는 게 아니다.

마이크로인터랙션 검증의 과정

아래에 나열된 과정은 마이크로인터랙션을 검증하는 한 가지 방법이다. 이와 같은 방법만 있는 건 아니지만, 우선 첫 발을 떼는 데 도움이 될 것이다.

1. 참가자에게 프로토타입을 보여 주기 전에, 해당 마이크로인터랙션이 어떻게 동작하리라 기대하는지를 물어본다. 참가자가 비슷한 기능을 과거에 사용한 적이 있는지를 알아본다. 이 마이크로인터랙션을 사용함으로써 참가자가 수행하려고 하는 바가 무엇인지를 물어본다. 마이크로인터랙션을 사용하기 이전에 알고 싶은 정보가 있는지, 특히 어떤 한 가지 정보를 확인하기만 하면 굳이 그 마이크로인터랙션을 직접 사용할 필요가 없어지는 경우가 있는지 확인한다.
2. 참가자가 어떤 도움도 받지 않고 그 마이크로인터랙션을 사용하게 해본다. 사용하는 중이나 그 직후에 여러 가지 정량적 정보를 수집할 수 있다.
3. 참가자와 함께 마이크로인터랙션을 한 번에 한 단계씩 수행하면서,

떠오르는 느낌이나 생각을 계속 말하게 한다. 참가자가 마이크로인터랙션이 움직이는 방식(즉, 동작규칙)을 설명할 수 있는지 확인해 보고, 실제 동작규칙과 다른 점이 있는지에 주목한다.

4. 만일 다음날 다시 그 마이크로인터랙션을 사용하게 된다면, 어떤 정보가 저장되어 있으면 좋을지 물어본다.

5. 딱 한 가지 고치고 싶은 부분이 있다면 무엇인지를 물어본다.

위와 같은 과정을 통하면, 그 마이크로인터랙션에 숨겨져 있던 문제점들을 발견하고 분석해 낼 수 있으며, 또한 전체 목표와 사용자의 니즈를 검증할 수 있다. 이상과 같은 평가 과정을 최소한 두 번, 서로 다른 참가자들을 대상으로 시행하기를 권한다. 두 번의 평가 사이에는 사용자의 의견과 발견된 사항을 기반으로 마이크로인터랙션의 개선이 이루어져야 한다.

찾아보기